U0450544

山东省教育科学"十四五"规划2021年度重点课题,"五育并举"视域下大学生创新创业价值观教育研究",项目号:2021ZD036

思政文库

大学生创新创业价值观研究

盛红梅 著

九州出版社

图书在版编目（CIP）数据

大学生创新创业价值观研究／盛红梅著． -- 北京：九州出版社，2023.9
ISBN 978－7－5225－1993－7

Ⅰ.①大… Ⅱ.①盛… Ⅲ.①大学生—创业—研究 Ⅳ.①G647.38

中国国家版本馆 CIP 数据核字（2023）第 172153 号

大学生创新创业价值观研究

作　　者	盛红梅　著
责任编辑	沧　桑
出版发行	九州出版社
地　　址	北京市西城区阜外大街甲 35 号（100037）
发行电话	（010）68992190/3/5/6
网　　址	www.jiuzhoupress.com
印　　刷	唐山才智印刷有限公司
开　　本	710 毫米×1000 毫米　16 开
印　　张	14
字　　数	174 千字
版　　次	2024 年 1 月第 1 版
印　　次	2024 年 1 月第 1 次印刷
书　　号	ISBN 978－7－5225－1993－7
定　　价	89.00 元

★版权所有　侵权必究★

前　言

当前，伴随新一轮科技革命和产业革命，创新成为国际竞争的新赛场。想在国际竞争中制胜，就必须牢牢掌握创新主动权，创新是引领发展的第一动力。创新的竞争，本质上是人才竞争，人才已经成为支撑发展的第一资源。党的二十大报告指出，必须坚持科技是第一生产力、人才是第一资源、创新是第一动力，深入实施科教兴国战略、人才强国战略、创新驱动发展战略，开辟发展新领域新赛道，不断塑造发展新动能新优势。"三个第一"的重要论述，着重强调教育、科技、人才是全面建设社会主义现代化国家的基础性、战略性支撑。这意味着，我们要将教育、科技、人才摆在新时代新征程发展的重要位置。

深入实施创新驱动发展战略，提高我国的国际竞争力，实现经济提质增效升级，亟须大批高素质的创新创业人才。教育是国之大计、党之大计。全国教育大会围绕培养"社会主义建设者和接班人"这一命题作出了深刻论述。习近平总书记特别强调："要在增强综合素质上下功夫，教育引导学生培养综合能力，培养创新思维。"① 以创造之教育培养创造之人才，既是服务国家发展战略的需要，也是我国高等教育创新发展和办好人民满意的高等教育的需要。

---

① 习近平. 在全国教育大会上的讲话 [N]. 人民日报, 2018-9-11 (1).

当前大学生创新精神、创业意识、社会责任感、实践能力仍有待增强，突出表现在将"创富"作为创新创业价值目标的首选，更注重创新创业个体层面的价值，表现出一定的功利性、自我性。尽管创业内在地具有"创富"的功利目的，但是"创富"并不是创新创业的唯一目的。我们不反对大学生在创新创业中"创富"，毕竟只有奠定了物质基础，大学生才能实现更全面的发展。但是，我们不赞成大学生将"创富"作为个体创新创业的唯一目标、终极目标，而忽略了创新创业精神、创业意识的培养和自身全面发展；反对在创新创业中只注重个人价值，而忽略个体在创新创业中的社会责任。如何帮助大学生树立与国家倡导的创新创业教育培养目标相匹配的创新精神、创业意识、创新创业能力和社会责任感，形成科学的创新创业价值观，引导大学生在创新创业过程中完成自我价值实现的"小我"与为国家和人民服务的"大我"的统一，成为新时代的理论课题和实践命题。

本书以"新时代大学生创新创业价值观"为研究对象，力图回答两个基本问题：在中国特色社会主义进入新时代的背景下，大学生创新创业价值观的本质内涵如何解读？立足现状特点和生成机制，如何增强大学生创新创业价值观培育的实效性？基于这两个基本问题，确立了"内涵本质厘定——主要内容凝练——现状特点考察——生成机制探究——培育策略建构"的研究思路。进而得出三条结论：第一，从本质上来看，新时代大学生创新创业价值观是社会主义核心价值观在创新创业上的体现，是大学生主体基于自身需求和国家、社会需要，在创新创业实践基础上，对创新创业目标的认识以及在创新创业时采取的价值判断和选择标准。以"创造价值，讲求效率"为出发点，以大学生个体的全面发展为最高价值理想，以是否推动社会发展和维护人民根本利益为评价标准。第二，从现状上来看，大学生对创新创业价值观认识模糊，创新创业价值目标呈现多元化、功利化、自我性特点；创新创业价值评价上，偏重于物质利益和自我发展、呈现出享乐主义；创新创业价值选择上，义利认知与选择存在矛盾性。第三，从培育策略上来看，新时代大学生创新创业价值观的培育是大学生主体的自觉建构和外部因素作用的系统性工程。

目 录
CONTENTS

绪论 ·· 1
  一、问题提出及研究意义 ·· 1
  二、研究现状 ·· 5
  三、研究思路、方法与创新之处 ··· 13

第一章 大学生创新创业价值观的核心概念及理论基础 ············· 17
  一、核心概念 ·· 17
  二、理论基础 ·· 38

第二章 大学生创新创业价值观的内容凝练 ···························· 58
  一、凝练大学生创新创业价值观主要内容的原则 ······················ 58
  二、凝练大学生创新创业价值观主要内容的依据 ······················ 61
  三、大学生创新创业价值观的主要内容 ··································· 63

第三章 大学生创新创业价值观的现状考察 ···························· 77
  一、调查准备 ·· 77

二、调查分析 …………………………………………… 80
　　三、调查结果 …………………………………………… 111
　　四、调查结果归因 ……………………………………… 116

第四章　大学生创新创业价值观的生成机制 …………… **129**
　　一、大学生创新创业价值观生成的内涵 ……………… 129
　　二、大学生创新创业价值观生成的影响因素 ………… 130
　　三、大学生创新创业价值观生成的关键环节 ………… 141
　　四、大学生创新创业价值观生成的主要机制 ………… 145

第五章　大学生创新创业价值观的培育策略 …………… **155**
　　一、构建社会、学校、家庭、大学生四位一体的培育场域 ……… 155
　　二、建设通识型、融合型、精英型三层分类的培育课程 ………… 167
　　三、搭建创业竞赛、社会实践、创业体验三元协同的培育
　　　　平台 …………………………………………………… 172
　　四、强化组织领导、教师培养、评估激励三体联动的培育
　　　　保障 …………………………………………………… 180

结论 ……………………………………………………………… **186**

附录 ……………………………………………………………… **189**

参考文献 ………………………………………………………… **198**

绪　　论

一、问题提出及研究意义

（一）问题提出

党的二十大报告指出："必须坚持科技是第一生产力、人才是第一资源、创新是第一动力，深入实施科教兴国战略、人才强国战略、创新驱动发展战略，开辟发展新领域新赛道，不断塑造发展新动能新优势。"[①] "三个第一"的重要论述，着重强调教育、科技、人才是全面建设社会主义现代化国家的基础性、战略性支撑。这意味着，我们要将教育、科技、人才摆在了新时代新征程发展的重要位置。

当今时代，尤其是在全球范围内掀起了以工业一体化、工业智能化以及互联网产业化等先进科技为代表的"第四次工业革命"的背景下，创新成为国际竞争的新赛场，成为引领发展的第一动力。如果想要在国际竞争中制胜，就必须牢牢掌握创新主动权。而创新的竞争，从本质上

[①] 习近平. 高举中国特色社会主义伟大旗帜　为全面建设社会主义现代化国家而团结奋斗——在中国共产党第二十次全国代表大会上的报告[M]. 北京：人民出版社，2022：33.

而言是人才的竞争。如何增强全体人民的创新创业意识和能力,已成为关乎经济社会健康发展和国家繁荣稳定的重大问题。伴随中国特色社会主义进入新时代,党和国家高度重视创新创业问题,党的十八大就指出要实施创新驱动发展战略,要加大对创新创业人才的培养支持力度,"促进创业带动就业"①。习近平总书记指出:"创新是社会进步的灵魂,创业是推动经济社会发展、改善民生的重要途径。"② 今天,创新精神、创业意识和创新创业能力不仅关乎民族和国家的未来,也关乎个人生活的意义。

"少年强则国强""青年是国家和民族的希望""青年学生富有想象力和创造力,是创新创业的有生力量"③。提升大学生的创新精神、创业意识和创新创业能力,培养一大批创新创业人才,成为高等教育的时代使命。2015年国务院出台了《关于深化高等学校创新创业教育改革的实施意见》④(下称《意见》),这一纲领性文件的颁布,标志着中国高校创新创业教育被正式纳入国家教育发展战略,步入深化发展阶段。《意见》将"加快培养规模宏大、富有创新精神、勇于投身实践的创新创业人才队伍"作为面向全体学生的首要目标,这一价值定位反映了国家对高素质创新人才的迫切需求,同时也是对当前我国高校创新创业教育中存在的"创富""办企业""精英化"等功利主义价值倾向

---

① 高举中国特色社会主义伟大旗帜 为夺取全面建设小康社会新胜利而奋斗——在中国共产党第十七次全国代表大会上的报告[EB/OL].(2007-10-15)[2018-8-17].http://cpc.people.com.cn/GB/64162/64168/106155/106156/6430009.html.
② 习近平.致2013年全球创业周中国站活动组委会的贺信[N].人民日报,2013-11-9(01).
③ 习近平.致2013年全球创业周中国站活动组委会的贺信[N].人民日报,2013-11-9(01).
④ 国务院办公厅印发《关于深化高等学校创新创业教育改革的实施意见》[EB/OL].(2015-5-13)[2018-8-17].http://www.gov.cn/xinwen/2015-05/13/content_2861327.htm.

的纠偏。尽管创业内在地具有"创富"的功利目的，但是"创富"并不是创新创业的唯一目的，杰弗里·蒂蒙斯（Jeffry A. Timmons）认为，创业教育是为学生设定"创业遗传代码"，种下"创新"的种子。而这种"创业遗传代码"就是创新创业精神，这为创新创业教育的发展超越功利性追求开辟了新的路径。

随着"大众创业，万众创新"浪潮的蓬勃兴起，创新创业已成为引领经济社会发展的重要力量，越来越多的大学生加入到创新创业的大军。然而，大学生的创新创业精神还不强，在创新创业价值目标上呈现多元化，将"创富"作为首选，凸显功利性、自我性；在创新创业价值评价上呈现物质性、利己性；在创新创业价值选择上表现出义与利、认知与行为选择的矛盾性。正如本文上面所提到的，尽管创业内在地具有"创富"的功利目的，但是"创富"并不是创新创业的唯一目的。我们不反对大学生在创新创业中"创富"，毕竟只有奠定了物质基础，大学生才能实现更全面的发展。但是，我们反对大学生将"创富"作为个体创新创业的唯一目标、终极目标，而忽略了创新创业精神、创业意识的培养，忽略了个体在创新创业中的社会责任，忽略了个体在创新创业中要坚守的人民立场而不是自我享乐，更不能将创新创业的成功建立于损害集体利益之上。因此，如何帮助大学生树立与国家倡导的创新创业教育培养目标相匹配的创新精神、创业意识、创新创业能力和社会责任感，形成对创新创业正确的价值认知，在创新创业中以个体的全面发展为最高价值理想，以推动社会发展和维护人民根本利益为评价标准，最终在创新创业过程中完成自我价值实现的"小我"与为国家和人民服务的"大我"的统一，成为本研究的关切。

（二）研究意义

在人的思想观念中，价值观处于核心支配地位，价值观决定了人们的态度和行为。大学生的创新创业价值观也决定了大学生对待创新创业的态度、行为选择及其在创新创业中的价值立场。大学生创新创业价值观的正确树立至关重要，不仅影响大学生个体的健康成长，甚至关乎中华民族伟大复兴中国梦的顺利实现。因此，研究大学生创新创业价值观问题，既具有重大的理论意义，也具有重要的实践意义。

1. 研究的理论意义

（1）丰富价值观研究的微观领域

目前，价值观相关研究中，对于价值观与一些微观层面的结合性研究相对比较少。本研究主要将马克思主义价值哲学与大学生创新创业相结合，结合实证调研，在新时代背景下，开展大学生创新创业价值观研究，力图回答"大学生为什么要创新创业""什么样的创新创业最有价值""创新创业应该坚持什么样的价值立场"等问题。因此，本研究为其他微观领域的价值观研究提供方法和理论的借鉴。

（2）丰富创新创业教育学科理论研究

创新型人才培养是一个新的理论命题，需要从理论上进行系统研究，这也是高校创新创业教育学科化发展的必然要求。

作为一个学科，创新创业教育涉及面很广，比如"有关创业教育、创新教育、创新型人才培养等问题的教育领域、创业中所需要的经济学、管理学领域、社会创业中的社会学领域，更涉及人的全面发展、价值与价值实现、价值观等问题的哲学、马克思主义理论领域"[1]。尽管经过多年的积累，我国的创新创业教育理论已经有了很大发展，但是还没形成符合中国国情的创新创业教育理论体系，在创新创业价值观领域的研究更是少之又少。加强大学生创新创业价值观研究，既深化了创新

---

[1] 李亚员. 创新创业教育：内涵阐释与研究展望 [J]. 创业就业教育，2016（4）：83-87.

创业教育研究，也符合思想政治教育微观化、人本化的发展趋势。本研究试图在新时代背景下，通过厘定新时代大学生创新创业价值观概念，分析现状特点，揭示生成机制，凝练主要内容，构建具体可行的培养路径，实现创新创业教育促进大学生自由全面发展的价值旨归，丰富创新创业教育学科理论研究。

2. 研究的实践意义

一方面，引导大学生深刻认识新时代创新创业的价值，树立正确的创新创业价值观。当前大学生创新精神、创业意识、社会责任感、实践能力仍有待增强，在创新创业目标上表现一定的功利性、利己性，过度关注自我，对创新创业的本质认识还不全面，没有认识到创新创业对于个人成长、国家发展的双重价值。通过大学生创新创业价值观教育，帮助学生认识到创新创业是什么，创新创业为何、创新创业何为，认识到在国家创新驱动发展战略下，大学生将青春梦融入国家复兴梦的社会责任和历史使命。另一方面，促进高校创新创业教育形成正确的价值取向。经过四十多年的发展，我国的创新创业教育取得了一定成绩，但是仍然不同程度地存在功利化、边缘化、业余教育等问题，离国家对创新创业教育培养创新型人才的要求还有很大差距。创新创业教育首要的是突出育人的教育本质，要立足于创新型人才培养，帮助大学生形成正确的创新创业价值观，提高创新精神、创业意识和创新创业能力，在创新创业中实现个体"小我"和国家"大我"的和谐统一。

二、研究现状

（一）大学生价值观研究

综合文献梳理，基于不同的研究视角，有关大学生价值观研究成果可以归纳为以下三点：

第一，关于大学生价值观概念及存在的问题研究。学者们对大学生价值观的概念认知相对一致，比较有代表性的观点，比如杨业华认为："当代中国大学生核心价值观指的是当代大学生这个特定的社会群体在长期的价值生活实践中积淀和形成的有关客体对主体效应的根本看法，是当代中国大学生这个特定社会群体在处理各种价值问题时所持的根本立场、观点和态度。"① 王华斌认为，大学生核心价值观是"对社会主义核心价值观内化、认同后所形成的核心价值观"②。在大学生价值观存在问题的研究上，有学者基于西方后现代主义思潮的影响，分析了大学生价值观体系冲突、失范和认同危机方面的问题③，有学者指出当代大学生存在的奋斗目标、做人标准、生活意义迷失问题④。有学者从多元文化的视角分析了大学生信仰缺失问题⑤。

第二，关于大学生价值观内容体系及凝练方法的研究。多位学者进行了价值观内容体系的研究，并对进行内涵进行了详细阐释。杨志臣等认为价值观内容包括"坚定信仰、学以报国、崇尚真理、明荣知辱"⑥，田海舰提出具体包括"求真、爱国、创新、自强、诚信"⑦，韩丽颖将

---

① 杨业华. 当代中国大学生核心价值观研究 [M]. 北京：人民出版社，2011：40.
② 王华斌. 构建当代大学生社会主义核心价值观的若干思考 [J]. 合肥师范学院学报，2009，27（04）：79-83.
③ 寇晓燕. 后现代语境下大学生核心价值观的认同危机与对策思考 [J]. 重庆科技学院学报（社会科学版），2011（8）：140-141，147.
④ 郑雅维，赵伟. 大学生核心价值观的迷失与构建 [J]. 北华航天工业学院学报，2010，20（1）：3.
⑤ 吴岳军. 多元文化语境下大学生核心价值观的构建 [J]. 学校党建与思想教育，2010（32）：33-34.
⑥ 杨志臣，卢春迎. 大学生核心价值观的基本内涵浅析 [J]. 中国科教创新导刊，2011（07）：165.
⑦ 田海舰，杜晓雷. 社会主义核心价值体系视域下大学生核心价值观的构建 [J]. 河北大学成人教育学院学报，2011，13（1）：115-117.

大学生价值观概括为"信念为魂、品学为本、创新为要、家国为基"[1]等。在价值观内容的凝练方法上，邱巧生指出要与实践调研相结合，并说明了具体凝练方法路径[2]。孙丹薇则认为从大学生自身的特点、社会需求以及现实中的问题等三个维度进行大学生价值观凝练[3]。

第三，关于大学生价值观的培育研究。绝大多数学者都是基于以社会主义核心价值体系引导大学生形成核心价值观。徐柏才、覃小林认为，要通过"理论灌输与利益认同；文化熏陶与文化滋润；生活渗透与生活关心；行为规范与行为引导；实践检验与实践拓展相结合"[4]的方式培养大学生社会主义核心价值观。田永静提出"以校园文化为载体、凝聚三方力量、把控实施过程"[5]的培养路径，还有学者结合大学生校园文化生活，给出更为具体的培养路径，比如志愿服务[6]、高校社团组织文化[7]、国学精神[8]、网络文化[9]等。

---

[1] 韩丽颖. 当代大学生核心价值观研究[D] 长春：东北师范大学，2012：114-120.
[2] 邱柏生. 大学生核心价值观凝练的方法论思考[J]. 思想理论教育，2012（11）：8-13.
[3] 孙丹薇. 当代大学生核心价值观凝练的三个维度[J]. 思想理论教育. 2012（11）：19-22.
[4] 徐柏才，覃小林. 论大学生社会主义核心价值观的构建路径[J]. 学校党建与思想教育，2011（2）：4.
[5] 田永静，陈树文. 加强大学生社会主义核心价值观教育有效途径探究[J] 思想教育研究，2010（5）：22-24.
[6] 纪春燕，黄鹏. 志愿服务与大学生核心价值观的培养[J]. 人民论坛，2010（26）：228-229.
[7] 王晓翌，杨静怡，刘巧荣. 加强高校社团组织文化建设 培育大学生价值观[J]. 中国经贸导刊，2009（19）：86-87.
[8] 周菊峰，彭爱娇. 国学精神与大学生核心价值观[J]. 文教资料，2010（36）：3.
[9] 王文珍. 基于和谐网络文化的大学生核心价值观研究[J]. 黄石理工学院学报，2009，26（06）：82-83.

(二) 大学生创新创业价值观研究

随着中国特色社会主义进入新时代，创新创业也将成为我国建设现代化经济体系、推动经济高质量发展的战略支撑。作为"适应经济社会和国家发展战略需要而产生的一种教育理念与模式"，为国家发展培养规模宏大的创新创业人才是新时代高校创新创业教育的责任和使命。大学生创新创业价值观培育也成为新时代思想政治教育研究的新命题，已经受到学界关注，但研究还刚刚起步，有关创新创业价值观方面的研究还很少。

有关创新创业价值观的概念界定及结构上，林湘宇认为："大学生创新创业价值观是指大学生对创新创业的总的评价和根本看法，及其在职业选择上对创新创业的价值倾向。创新创业价值观包含创新创业的职业选择、创新创业价值目标、创新创业价值评价、创新创业价值手段和创新创业价值取向。"[①] 这也是在文献中第一次使用创新创业价值观该提法。宋妍、王占仁认为："创新创业价值观是对创新创业认知和一定社会责任等要素结成的相对稳定的价值取向，关系到创新创业的良性发展和总体目标的达成，有其独特的内容。具体分为社会价值层面和个体价值层面。"[②] 随后，王占仁提出了更为详细的界定，指出"创新创业价值观以社会主义核心价值观为导向，创新创业主体基于个人需求和国家、社会需要，在创新创业实践活动中形成对目标的认识以及对行为方式的判断和选择标准，主要包括创新创业价值目标、创新创业价值评价、创新创业价值选择三个方面的内容。是中国特色社会主义创新创业

[①] 林湘羽. 广西大学生创新创业价值观现状调查及培养对策研究 [D]. 桂林：广西师范大学，2016.
[②] 宋妍，王占仁. 论当代大学生创新创业价值观的引领 [J]. 国家行政学院学报，2017 (11): 52-57.

价值观,其精髓是讲求实效、创造价值,基础是社会主义集体主义,核心是为人民服务"①。

有关创新创业价值观教育的研究上,王占仁、孔洁珺基于高校如何开展创新创业价值观念教育基础上,界定了创新创业价值观、创新创业价值观教育的内涵,对创新创业价值观教育中的几个基本关系、内容结构、基本模式、运行体系②等进行了详细论述,实现了对创新创业价值观教育的深入系统研究。

有关创业价值观的概念研究上,张进辅首先对创业价值观进行了界定,他认为,"创业价值观是主体以自己的需要为基础,对创业目标的重要性的认识和在创业时采取的行为方式的判断和选择的标准,它指导和调节着人们的创业目标和创业行为"③。王勇认为,"创业价值观就是创业的价值取向""创业价值观是主体从自己的创业需要出发,对创业动机以及创业过程所采取的行为方式的判断、取舍的标准,它指导着学生创业过程"④。胡余波认为,"创业价值观是指具有创业期待、积存创业潜能并以一定社会责任感等要素结成的较为稳定的价值取向"⑤。张伟峰认为,"创业价值观是以大学生为主体的创业群体以自己的需求为基础,对创业这一实践活动的社会地位、作用的认识,以及对所采取的行为方式的判断和选择。它是大学生价值观体系的重要内容和重要组成

---

① 王占仁. 创新创业教育与思想政治教育的关系论析 [J]. 深圳大学学报(人文社会科学版), 2018, 35 (1): 111-115.
② 王占仁, 孔洁珺. 中国高校创新创业价值观教育研究 [J]. 国家教育行政学院学报, 2019 (10): 23-30.
③ 张进辅. 青少年价值观的特点: 构想与分析 [M]. 北京: 新华出版社, 2006: 85.
④ 王勇. 浙江高职学生创业能力开发的对策研究——基于创业价值观的视角 [J]. 滁州职业技术学院学报, 2009, 8 (3): 15-18.
⑤ 胡余波. 对大学生创业价值观教育的理性思考 [C]. Kab 创业教育年会暨大学生创业教育论坛, 2009.

部分，是他们的人生观、价值观在创业方面的集中体现"①。以上观点主要从价值观的一般定义出发，说法略有不同。孔洁珺从广义的"创业"视角出发，对创业价值观给出了更为详细的定义，她认为"创业价值观是指主体对于创业有无价值和价值大小的根本立场与态度，它决定着人们'创业型人生'的理想信念，影响着人们在'整合资源、洞察机会、创造价值'过程中的价值判断和选择标准，塑造着人们开拓性的人格境界，指导和调节着人们创造性的生活方式与行为模式"②。李涛则从"主体对创业"以及"主体对创业过程"两个视角进行了定义③。

有关创业价值观的结构研究，张进辅起到了奠基性作用，他提出"创业价值观包括创业价值目标、创业价值手段和创业价值评价三个基本部分"④。在后续研究中，邓硕宁⑤、王晓莉⑥、赵晓凯⑦、张伟峰⑧等人的研究都是基于该结构进行了论述。郑金香从创业精神、创业技能和创业价值三个方面来研究创业价值观⑨。于丛聪认为，"创业价值观是个人创业价值观和政府引导创业价值观的统一"⑩。

有关大学生创业价值观教育研究，主要集中在大学生创业价值观教

---

① 张伟峰. 农业院校大学生创业价值观培育研究 [J]. 高等农业教育. 2014（1）：73-77.
② 孔洁珺. 大学生创业价值观教育研究 [D]. 长春：东北师范大学，2017.
③ 李涛. 新时代大学生创业价值观冲突研究 [D]. 芜湖：安徽师范大学，2017.
④ 张进辅. 青少年价值观的特点：构想与分析 [M]. 北京：新华出版社，2006：85.
⑤ 邓硕宁. 大学生创业价值观问卷的初步编制与实测 [D]. 重庆：西南大学，2007.
⑥ 王晓莉. 研究生的成就动机与创业学习：创业价值观的中介作用 [D]. 郑州：河南大学，2010.
⑦ 赵晓凯. 青年创业价值观研究 [D]. 北京：中国青年政治学院，2013.
⑧ 张伟峰. 农业院校大学生创业价值观培育研究 [J]. 高等农业教育. 2014（1）：73-77.
⑨ 郑金香. 青年价值观的发展 [M]. 郑州：黄河水利出版社，2010：181-185.
⑩ 于丛聪. 当代中国大学生创业价值观研究 [D]. 西安：西北大学，2015.

育的具体内容和实施路径等方面。孔洁珺认为,"大学生创业价值观教育内容选择上必须涵盖指向社会的政治价值观教育、经济价值观教育以及文化价值观教育,同时还要包括指向个体的人生价值观教育。具体实践路径包括以课堂教学为载体的显性教育路径、以文化人为载体的隐性教育路径、以思想转变为关键的教育者培养路径"①。朱春楠认为,"大学生创业价值观教育的具体内容包括爱国主义熏陶、创新精神培养、法律意识培养、职业道德养成。创业价值观教育的路径包括课程设置、实践平台打造、新媒体借力"②。徐静波、李晓洵提出以社会主义核心价值观为指导,构建大学生创业价值观教育的内容体系③。朱坤、徐进提出"促进高校大学生创业价值观的培养,要进行五个方面的融入,即特色理论教育融入、形势政策教育融入、思想政治教育融入、榜样励志教育融入、法纪警示教育融入"④。孙国胜、张惠丽认为,"要围绕改革课堂教法、树立创业典型、开展个性指导、拓展实训实践等方面进行创业价值观教育"⑤。

在创业价值观的凝练方面,仅有一篇文章做了这方面探索。易庆艳、盛春辉认为,"基于社会主义核心价值观,构建'有责任、有理想、有知识'的创业价值目标、采用'自信、坚定、创新、守法'的创业价值手段、做'讲道德、讲诚信、讲文明'的创业者"⑥。

---

① 孔洁珺. 大学生创业价值观教育研究 [D]. 长春:东北师范大学,2017.
② 朱春楠. 大学生创业价值观研究 [D]. 长春:东北师范大学,2017.
③ 徐静波,李晓洵. 农业院校大学生创业价值观教育的路径 [J]. 继续教育研究,2016(8):16-18.
④ 朱坤,徐进. 高校大学生创业价值观培养的有效途径研究 [J]. 中国成人教育,2016(13):84-86.
⑤ 孙国胜,张惠丽. 新形势下大学生创业价值观培育刍议 [J]. 学校党建与思想教育,2015(15):88-89.
⑥ 易庆艳,盛春辉. 大学生创业价值观的凝练:基于社会主义核心价值观 [J]. 科教文汇(下旬刊),2017(30):2.

国外的文献很少有直接涉及创新创业价值观方面的内容，研究多基于心理学视角探讨选择创业的原因、企业家的价值观等，与我们所说的创新创业价值观概念不同。

有研究对创业者的价值观做了探索，比如，有研究探讨"在不同的人口、专业及不同类型的残疾人士之间是否存在不同的创业能力"①。有的研究则"展示了创业者和非创业者之间的不同价值观"②。

在创业方面对公民进行价值引导，欧盟作出了积极的探索，其出台《创业2020行动计划》③，指出"创业是能否重新振兴欧洲的关键"，并致力于"创业文化"建设，不断将创新创业融入欧盟的社会价值观中，引导公民将创新创业作为个人人生理想。

从以上有关的国内外文献研究中发现，国外直接针对创新创业价值观研究的文献很少，可以借鉴的资料不多。国内的研究主要集中在创业价值观，具体涵盖概念内涵、问题现状、培养策略，并逐步深入。有关社会主义核心价值观和创业价值观之间关系的研究受到关注。创业价值观的结构研究基本上都是沿用了张进辅教授提出的理论框架，没有新的进展和突破。自2016年，林湘宇提出创新创业价值观概念后，创新创业价值观受到关注。王占仁教授在创新创业价值观研究上的视角更新颖，对创新创业价值观的内涵界定更为深入，对于如何以社会主义核心价值观引领大学生创新创业价值观见解深刻，对创新创业价值观教育进

---

① Osman C. A., Rahim H. L., Yusof M. M., Noor M. Z. H., Lajin N. F. M., Jalaluddin J. (2016) Empowering Disabled Youth with Entrepreneurial Values. In: Mohd Sidek N., Ali S., Ismail M. (eds) Proceedings of the ASEAN Entrepreneurship Conference 2014 转引自李涛. 新时代大学生创业价值观冲突研究 [D]. 芜湖：安徽师范大学，2017.

② Lindsay N. J., Kropp F. (2015) Values and Entrepreneurial Orientation of Early Stage Entrepreneurs. In: Campbell C. (eds) Marketing in Transition: Scarcity, Globalism, & Sustainability. Developments in Marketing Science: Proceedings of the Academy of Marketing Science. 转引同上

③ European Commission, Entrepreneurship Education 2020 Action Plan, 2013.

行了深入系统研究，极大地促进了创新创业价值观领域研究。尽管学者们已经开始关注大学生创新创业价值观研究，并取得了一些重要的学术成果，但在大学生创新创业价值观的现状特点、生成机制、具体内容等方面，还缺乏相关研究，在新时代的背景之下开展以上相关研究就更缺乏了。可以看出，大学生创新创业价值观研究作为创新创业教育的重要组成部分，帮助学生解决"上线发展"问题，实现物质财富创造和人生价值实现、自我价值实现的"小我"与为国家和人民服务的"大我"的有机统一，无论从实证研究还是理论研究层面，都亟须深化拓展。

三、研究思路、方法与创新之处

（一）研究思路

本论文以新时代大学生创新创业价值观为研究对象，通过凝练主要内容，分析现状特点，考察生成机制，提出了具体培育策略，对新时代大学生创新创业价值观基本形成一个相对直观的理论分析框架。第一，对新时代、新时代大学生创新创业教育、新时代大学生创新创业价值观进行一般理论分析，并从马克思主义理论、中国特色社会主义文化中寻找创新创业理论源泉，为后续研究提供理论基础。第二，尝试凝练出新时代大学生创新创业价值观的主要内容，明确凝练的基本原则基础上，指出凝练的根本依据、现实依据、实践依据，并将新时代大学生创新创业价值观的主要内容凝练为：家国情怀、敢闯会创、勇于奋斗、崇尚劳动、创造大美。第三，考察新时代大学生创新创业价值观现状特点。结合问卷调查、文献检索等，揭示当前大学生创新创业价值观的现状，剖析其特点，并对产生这些特点的时代原因、经济原因、创新创业教育及大学生主体自身原因进行论述。第四，通过分析影响大学生创新创业价值观生成的因素，揭示大学生创新创业价值观生成的关键环节以及主要机制。第五，分别从构建培育场域、建设培育课程、搭建培育平台、强化培育机制提出培育新时代大学生创新创业价值观的具体方式方法。

（二）研究方法

本研究以马克思主义理论为指导，坚持哲学、教育学、社会学、心理学等多学科交叉、理论研究与实证调查相结合，力求对新时代大学生创新创业价值观有一个相对全面的研究。

文献研究法。深入研读前人的研究成果是做好本研究的基础。在系统梳理有关价值观、核心价值观、创新创业教育等理论研究成果的基础上，吸收借鉴已有的理论观点，使本研究能够建构在坚实的理论基础之上，另一方面，寻找前人研究中的空白点、不足之处，找到本研究的切入点，开展深入探究。

实证研究法。问题意识是做好研究的基础之一。为了能客观了解大学生创新创业价值观现状，本研究采用实证调研方法，对4322名大学生进行了问卷调查，以期能够准确掌握大学生创新创业价值观的第一手资料，为理论研究奠定客观基础。研究基于为现实服务的目的，针对调研中发现的问题，尝试提出有针对性的方法策略，为增强新时代大学生创新创业价值观培育提供方法进路。

多学科研究方法。为了能实现对新时代大学生创新创业价值观较为全面的理解和把握，本研究主要涉及包括哲学、社会学、教育学、心理学等在内的多个学科领域。从哲学的角度界定了创新创业价值观的内涵、特征，运用社会学相关知识探究现实中大学生创新创业价值观现状，运用心理学相关知识分析创新创业价值观的生成机制，创新创业价值观的培育问题依赖于教育学的相关理论和方法。

（三）创新之处

本研究力图构建完整的新时代大学生创新创业价值观理论框架，坚持理论研究与实证调研相结合，从理论上分析清楚新时代大学生创新创业价值观本质属性，从实践上把握其现实状况，对其主要内容、生成机制、培育策略进行了深入研究，以期为新时代大学生创新创业价值观理论研究和实践培育提供指导和借鉴。

一是研究视角的前沿性。价值观研究是价值哲学研究中的一个重要的研究内容，创新创业教育作为深化高等教育改革的突破口，要为国家创新驱动发展培养大批具有创新精神、担当民族复兴大任的时代新人。新时代大学生创新创业价值观研究将价值理论与现实问题结合起来，试图凝练出一套既反映社会主义核心价值观要求又符合大学生创新创业发展需要，既与大学生创新创业价值观生成发展规律相契合又体现创新驱动发展要求的具有一定前瞻性的大学生创新创业价值观理念，帮助大学生认清新时代环境下自身需要通过创新创业教育获得符合创新型国家所需要的知识技能，解决"下线生存"问题的同时，更要在创新创业中形成与社会主义现代化建设相契合的创新创业价值观，实现物质财富创造与人生价值实现、自我价值实现的"小我"与为国家和人民服务的"大我"的统一，进而解决"上线发展"问题。新时代大学生创新创业价值观找到了价值哲学、创新创业教育发展的新增长点，具有一定前沿性。

二是研究内容的系统性。本研究在探讨新时代大学生创新创业价值观的意义、内涵、特点等基本理论问题上，系统回答了新时代大学生创新创业价值观的本质规定、现实状况、生成机制、主要内容、培育策略等一系列重要问题，这些问题共同构成了一个完整的新时代大学生创新创业价值观理论框架。具体来说，本文以新时代大学生创新创业价值观的概念厘定、属性揭示为逻辑起点，以大学生创新创业价值观的现实状况为实践基础，深入考察其生成机制，明确其主要内容，提出了培育大学生创新创业正确价值观的具体方法策略，形成了独具特色的大学生创新创业价值观理论框架，基本实现了对新时代大学生创新创业价值观问题的全景式把握和探讨。

第一章 大学生创新创业价值观的核心概念及理论基础

探讨大学生创新创业价值观问题,首先要厘清其中所涉及的主要的概念及理论基础,这是有效把握大学生创新创业价值观问题的基本前提。

一、核心概念

(一) 价值与价值观

1. 价值

对于"价值"一词,我们并不陌生。但是什么是"价值"呢?汉语中的"价值",原始定义为物品交易的价格、价钱。英语中的"价值"源自拉丁语 valere,表示"是好的"之意。西方经济学中,"价值"用来描述物品的效用或者交换中的比价关系。而进入哲学、社会学等领域的"价值",就相对抽象了。继文德尔班建立了价值哲学后,许多学者对价值的定义从不同角度进行了探究。罗国杰先生对学界关于价值的一般含义进行了梳理,表现为六种学说。"实体说"和"属性说"用客观事物本身或者事物所具有的属性来定义价值;"人本说"用人的兴趣或者需要来界定价值;"意义说"和"效用说"用客体对于主体所具有的意义或者有用性来解释价值;"关系说"从主体和客体的关系角度来理解价值①。这些观点,对于人们科学认识和把握价值的哲学内涵都具有一定学理意义,但许多观点包含着一些不全面、不科学的因素。

对于价值的一般含义,要在马克思主义的指导下,放置在人类实践活动基础上来理解。在马克思看来,价值与"物的对人有用或使人愉快等的属性"有关。同时,只有客观事物满足主体的需求时,价值才表现出来。因此,价值是主客体之间一定关系的反映,表明了主体对客体的需要,客体具有满足主体需要的属性。

价值具有的相互关联的基本规定性体现在它的主体性、客观性、实践性和历史性、绝对性和相对性上。价值的主体性体现在价值是满足人的需要,只存在于人的世界中。价值的客观性体现了主客体关系中,价值与主体的需要相联系,但这不意味着价值是主观任意的,价值的存在也有其客观的基础,那就是客体必须具有的能够满足人的需要的属性。价值具有实践性和历史性。正是在实践的基础上,人类社会才能生存、发展。实践也是人类认识的基础,在认识、实践、再认识、再实践的过程中,人类也在不断提高、实现自身价值。价值的实践性特征,又决定了它是一个历史的范畴,具有历史性。价值还具有绝对性和相对性。在人类的社会生活中,价值普遍存在。就整个人类历史发展历程来说,价值也是具有恒常性和历久性的。在不同时期,人的认识和实践能力不同,会导致主体对客体有无价值以及价值大小产生不同的评价,因此,价值也是相对的,是绝对性和相对性的统一。

2. 价值观

价值观问题,得到多学科研究者的关注,哲学、教育学、人类学、

---

① 罗国杰. 马克思主义价值观研究[M]. 北京:人民出版社,2013:4-5.

社会学、社会心理学等从不同角度进行了探索。自20世纪30年代，国外学者就从心理学角度，对价值观进行了多种定义，如克拉克洪的"值得说"、加里布埃尔的"向导说"、罗克奇的"信仰说"、舒伯"目标说"、施瓦茨的"标准说"，还有国内学界认为的"心理倾向系统"或"思想观念总和"，总之价值观不是经验事实和科学判断，而揭示的是一种意义关系。

在哲学领域，学者们对价值观的界定也不尽相同。有学者将价值观和价值观念等同①。有学者认为"价值观是人们在处理价值关系时所持的立场、观点和态度的总和"②。有学者基于价值观、人生观、世界观之间的联系，提出"价值观是人生观的重要内容，也是世界观，是哲学的有机分"③。

马克思主义价值观认为，"价值观是主体对客体有无价值和价值大小的立场与态度的总和"④，是人们对事物的好恶、美丑、是非、好坏、善恶等观念中最核心、最稳定、最根本的内容。它最重要的功能，就是构成人们内心深处的评价系统，能成为人们心目中用以评量事物意义、权衡得失、决定取舍的指南。

(二) 创新创业与大学生创新创业价值观

1. 创新创业

创新创业是一个复合词，从字面上看是由创新和创业两个词组成的，但它又不是二者简单的叠加。理解创新创业的含义，要建立在理解

---

① 袁贵仁. 价值观理论与实践：价值观若干问题的思考 [M]. 北京：北京师范大学出版社，2006：2-3.
② 陈章龙，周莉. 价值观教育 [M]. 南京：南京师范大学出版社，2004：3.
③ 李连科. 价值哲学引论 [M]. 北京：商务印书馆，1999：7.
④ 罗国杰. 马克思主义价值观研究 [M]. 北京：人民出版社，2013：31.

创新、创业含义的基础之上。

(1) 创新

汉语词典对"创新"的含义解释为破除旧的，确立新的。创新就是在原有知识、理论、技术等基础上推陈出新，实现对原有事物的新突破、新改造。我们一般把创新理解为技术创新、科技创新。

关于创新理论，一般认为是由奥地利经济学家熊彼特（Schumpeter）最早提出，他认为："创新是把一种新的生产要素和生产条件的'新结合'引入生产体系。包括五种情况：一是开发一种新产品；二是使用新的生产方法；三是发现新的市场；四是获得原材料或半成品一种新的供应来源；五是实现一种新的产业组织方式。"① 该理论引起了巨大的轰动，熊彼特也因此被奉为创新理论的"鼻祖"。一般而言，人们提及创新，就会默认为技术创新、科技创新，但熊彼特的创新理论突破了人们这种传统意义上对创新的认知，他指出，创新可以是技术创新，但也不一定必须与技术相关，是一种涵盖技术创新、模式创新、组织创新等在内的、更为广义的创新。

因此，创新可以区分为广义的创新和狭义的创新。狭义角度的创新就是实现对产品、技术、方法的改进、发明，通过技术、产品、方法的创新来推动经济发展。而随着我国实施创新驱动发展，创新已经扩展到经济、社会、文化的各个方面，是更为广义的创新。本研究也是立足于广义的创新展开，广义的创新"更多的着眼于思维层面的锐意进取、勇于开拓精神和态度转化的一种创造，是对原有的重新打乱组合，在技术知识或思想层面的创新，还包括科技含量极低甚至'零科技'的创新"②。

---

① ［美］约瑟夫·熊彼特. 经济发展理论 [M]. 何畏，等译. 北京：商务印书馆，1990：5.
② 王占仁. 确立追求实效的创新创业观 [N]. 光明日报，2012-07-08.

(2) 创业

"创业"是一个复杂的、多层面的概念。国内外的学者都对"创业"进行了深入的研究。从国内而言,胡晓风在其《关于更新教育思想进行创业教育的探讨》一文中指出:创业就是"在职业和事业中的进行的创业性劳动,创造新价值",这里的"业",指职业和事业①。从国外而言,虽然"创业"备受关注,但自熊彼特1934年首次提出创业概念以来,关于"创业"至今也没有一个统一的概念。基于各自不同的研究视角、学科领域,不同的学者形成了不同的创业研究方向,形成诸如风险学派、领导学派、创新学派、认知学派、管理学派等不同观点。约瑟夫·熊彼特(Schumpeter)从创新的视角,认为创业就是创新,是"企业家"打破旧传统,创造新规则,开辟新事业②。管理学大师彼得·德鲁克(Peter F. Drucker)继承发展了约瑟夫·熊彼特关于创新的理论,将创业界定为"能够创造出一些新的、与众不同的事情、并能创造价值的活动"。而杰弗里·蒂蒙斯超越一般意义上对"创业就是企业创建"的认识,认为"创业是一种思考、推理和行为方式、生活方式、人生哲学,为所有参与者创造价值"③。

总体上而言,"创业"作为一个学术概念,也有狭义和广义之分。狭义的"创业",正如字面意义一样,就是"创建新企业"。广义的"创业",就是"开创事业",是具有"事业心与开拓技能"的思维方法、行动方式,是创造价值的过程。创业主要分三种类型:一种是通过创办一个企业,实现机会转化和价值创造;第二种是"内创业",即在机构内部进行创新;第三种就是在西方国家日渐流行起来的社会创业,

---

① 胡晓风. 创业教育论[M]. 成都:四川教育出版社,1995:78.
② 张秀娥,赵敏慧. 创新与创业理论回顾与展望[J]. 创新与创业管理,2016(02):1.
③ [美]杰弗里·蒂蒙斯,[美]小斯蒂芬·斯皮内利. 创业学[M]. 6版. 周伟民,吕长春,译. 北京:人民邮电出版社,2005:23.

即非营利机构创业，具有明显的社会目的和社会使命。创业的本质是创造价值，这种价值不单单指经济价值，还有社会价值、人生价值。创业产生于商业领域，强调运用各种资源将机会转化为现实的经济价值。作为一种独特的思考和行为模式，创业也可以应用到社会领域，体现社会价值。创业亦可以作为自我实现的途径，而实现个体的人生价值。大学生创业正是基于广义层面的创业，不是所有的大学生都要去创办企业，成为企业家，而是实现对自身"事业心与开拓技能、开创性个性"的培养，从而不断提高创新精神、创业能力，成为国家发展的接班人和建设者。

(3) 创新创业

了解了创新、创业的含义，那么创新与创业之间是种什么关系？约瑟夫·熊彼特认为，创业就是创新。彼得·德鲁克指出，创业是实践创新的表现形式。杰弗里·蒂蒙斯开发的创业过程模型揭示了"创业活动是某种创造力的体现，创造力是创新的重要组成部分"。作为美国最具影响力管理学家之一的伊查克·爱迪思（Ichak Adizes），利用企业生命周期理论，揭示了"企业因创新精神而被创造，创新精神的消亡也注定了企业的消亡"。学者张秀娥、赵敏慧认为"创新创业既可以是一种包含关系，也可以是一种共存关系"[①]。学者王占仁分别从创业动机、创业者的创新认知、市场对创新的接受度三个视角阐述了创新与创业的关系，认为创新与创业的共同本质在于创造价值，要树立追求实效的创新创业观，解放创业者思想，使创业者认识到创业无定式，但有创造价值的规律，在创业中坚持创新原则但不排斥其他形式的创业，创造价值是检验创新创业实效的唯一标准，价值不仅包括财富，还包括社会价值

---

① 张秀娥，赵敏慧. 创新与创业理论回顾与展望 [J]. 创新与创业管理，2016 (02)：1.

和人生价值①。

本研究认为，创新创业是一种双生关系，也是一种相互依赖促进关系。首先，创新创业表现为一种双生关系。创新创业两者天然地联系在一起，是不可分割的有机整体，具有直接统一性。没有创新就没有创业，没有创业也就没有创新。成功的创新离不开创业，成功的创业也往往包含在创新中。其次，创新创业表现为一种相互依赖促进关系。创新是创业的引领，创业过程中新产品的开发、新材料的采用、新市场的开拓、新管理模式的推行，都必须有创新思维做先导，创业才有可能成功。创业的过程，尤其是创新型创业的过程必须是一个不断创新的过程，审视当下的成功创业者，比如联想的柳传志、华为的任正非、百度的李彦宏、腾讯的马化腾等，他们都是在创新基础上实现的成功创业。在科学技术迅猛发展的今天，缺乏创新的创业必然会陷入失败的困境。创业是创新的表现形式和实践载体。创新的成果经由企业转化为现实生产力，创业又可以创造出新的创新，从而深化创新。

通过上述分析可以得出，创新创业既是基于创新基础上去开创新的企业，也是用创业的心态、创新的思维开展本职工作；既是一种企业创建的行为方式，也是一种具有"事业心与开拓技能"的思维方法。大学生创新创业，更多的是培养大学生的创新精神、创业意识，把创新创业作为一种思维方法、生活方式贯彻成长全过程，在创新创业中凝聚起促进自身全面发展、报效国家的强大动力。

2. 大学生创新创业价值观

（1）大学生创新创业价值观的内涵

有关创新创业价值观的内涵，王占仁教授指出："我们提出的创新创业价值观是中国特色社会主义创新创业价值观，其精髓是讲求实效、

---

① 王占仁. "广谱式"创新创业教育导论[M]. 北京：人民出版社，2012：32-35.

创造价值,基础是社会主义集体主义,核心是为人民服务。"① 该定义在价值哲学的基础上明确了创新创业价值观的精髓、基础、核心,突出了创新创业价值观的中国特色社会主义本质,拓展了创新创业价值观的内涵,进一步深化了对创新创业价值观的研究。这为本研究提供了很大启发和新的研究思路。创新创业教育是我国提出的一个具有中国特色的新概念,创新创业价值观作为创新创业教育不可或缺的重要组成部分,理应体现中国特色、体现中国特色社会主义本质。

因此,在借鉴前人的研究成果基础上,本文将大学生创新创业价值观界定为,大学生主体基于自身需求和国家、社会需要,在创新创业实践基础上,对创新创业目标的认识以及在创新创业时采取的价值判断和选择标准,是社会主义核心价值观在创新创业上的体现,以"创造价值,讲求效率公平"为出发点,以大学生个体的全面发展为最高价值理想,以是否推动社会发展和维护人民根本利益为评价标准。

(2) 大学生创新创业价值观的结构

价值观的结构是用来描述价值观体系内部诸要素之间相互联系和相关依存关系的范畴。任何价值观都体现的是一定主体的价值观,都反映主体自身一定的社会存在及生活经历。创新创业教育中的价值观主体,是在创新创业教育价值关系中,对创新创业教育需要的主体。主体有什么样的需要,就决定了什么样的创新创业教育有价值。罗国杰先生认为:"根据主体范围的不同,大体可以将价值观的一般结构划分为两个层次:社会价值观和个体价值观。"② 依据该观点,本文将创新创业价值观分为创新创业社会价值观和创新创业个体价值观。

---

① 王占仁. 创新创业教育与思想政治教育的关系论析 [J]. 深圳大学学报(人文社会科学版), 2018 (1): 111–115.
② 罗国杰. 马克思主义价值观研究 [M]. 北京: 人民出版社, 2013: 152.

①创新创业社会价值观

创新创业社会价值观反映了国家、社会对创新创业的价值需求。创新是社会进步的灵魂，创业是推动经济社会发展、改善民生的重要途径①。一般的，社会分为政治、经济、文化三个领域，创新创业社会价值观也相应地分为创新创业的政治价值观、创新创业的经济价值观和创新创业的文化价值观。创新创业的政治价值观规定了创新创业教育的定位是为社会主义服务、为人民服务的，是要培养具有创新型素质的、全面发展的社会主义建设者和接班人等。创新创业的经济价值观就是在坚持社会主义经济制度基础上建设市场经济，兼顾效率与公平，在创新创业教育中树立公平价值观、效率价值观和诚信价值观。创新创业的文化价值观就是创新创业教育中，注重弘扬中国优秀传统文化，彰显中国特色，形成大众创业、万众创新的创新文化，促进社会的可持续发展。

②创新创业个体价值观

创新创业个体价值观反映了个体的价值需求，即"人的自由而全面的发展"。创新创业教育着眼于培养具有开创性的个人，突出强调主体性，并将这种主体性转化为广大学生创新创业的主体行为、生活方式和人生态度。

③创新创业社会价值观与创新创业个体价值观之间的关系

个体价值观和社会价值观之间并非截然分开和对立的，而是相互依存、相互影响、相互转化的关系②。创新创业社会价值观和个体价值观也是一种相互依存、相互影响、相互转化的关系。从内容上来说，创新创业社会价值观和个体价值观是相通的。创新创业社会价值观由创新创业个体价值观组成，创新创业个体价值观也总是一定创新创业社会价值

---

① 习近平祝贺 2013 年全球创业周中国站开幕 [EB/OL]. (2013-11-9) [2019-5-3]. http://www.people.com.cn/24hour/n/2013/1109/c25408-23483970.html.
② 罗国杰. 马克思主义价值观研究 [M]. 北京：人民出版社，2013：155

观之中的个体价值观。从来源上来说，客观的社会存在是创新创业社会价值观和创新创业个体价值观共同的基础。"物质生活的生产方式制约着整个社会生活、政治生活和精神生活的过程。不是人们的意识决定人们的存在，相反，是人们的社会存在决定人们的意识。"① 当前，我国实施创新驱动发展战略所需要的创新型人才，需要依靠高等教育培养出来。创新创业教育正是适应这种时代背景而产生的新的教育理念和模式。从生成和运行上，创新创业社会价值观和个体价值观相互影响。创新创业社会价值观通过教化手段影响个体价值观的养成和变化，使创新创业价值观在个体层面与社会层面达成一致。个体是需求的直接体验者，在创新创业教育对个体的影响，在其利益和需求体现出来，并在社会成员中达到一定程度的普遍性之后，就产生了创新创业社会价值观的新范式。

(三) 新时代大学生创新创业价值观

1. 新时代的内涵与标志

党的十九大报告指出，中国特色社会主义进入了新时代。"新时代之新，在于我国进入了新的发展阶段，中华民族迎来了从站起来、富起来到强起来的伟大飞跃；新时代之新，在于我们面临着新的社会主要矛盾，即人民日益增长的美好生活需要和不平衡不充分的发展之间的矛盾；新时代之新，在于我们迈向了新的奋斗目标，即将决胜全面建成小康社会，开启全面建设社会主义现代化国家新征程。"②

从国内来看，这个"新时代"承前启后，是中国共产党带领中华民族夺取新民主主义革命胜利，进行社会主义革命和建设，在新的历史

---

① 罗国杰. 马克思主义价值观研究 [M]. 北京：人民出版社，2013：156
② 习近平新时代中国特色社会主义思想三十讲 [M]. 北京：学习出版社，2018：5, 2.

条件下继续夺取中国特色社会主义伟大胜利,实现了"从站起来、富起来到强起来的伟大飞跃"①的时代;是决胜全面建成小康社会、进而全面建设社会主义现代化强国,在全体人民共同富裕上不断取得实实在在的新进展,奋力实现中华民族伟大复兴中国梦的时代。从国际来看,这个"新时代"是"我国日益走近世界舞台中央、不断为人类作出更大贡献的时代"②。改革开放四十年来,在我们党的领导下,全国人民埋头苦干,在日益激烈的综合国力竞争中,紧紧抓住了发展的重要战略机遇期,牢牢掌握了加快发展的主动权,走出了一条具有中国特色的发展之路,综合国力显著增强,在国际舞台大放异彩。特别是党的十八大以来,习近平总书记倡导的"一带一路"建设和"构建人类命运共同体"主张,为提升世界经济发展繁荣与和平进步提供了新的平台和机遇,为寻求人类共同利益和共同价值贡献了中国智慧和中国方案,载入联合国多项决议,得到国际社会广泛认同和积极响应。新时代的中国,国际影响力、国家话语权显著提升,成为世界经济社会发展的领跑者。

2. 新时代大学生创新创业教育

经过改革开放四十年的发展,我国的高等教育水平得到大幅提升,开始进入世界高等教育发展第一方阵。创新创业教育作为新时期大学素质教育的新突破,人才培养模式的新探索,为当代大学生绽放自我、展现风采提供了新平台,为世界高等教育改革贡献了新经验。"中国创新创业教育正在领跑世界,实现从就业从业教育到创新创业教育的战略转型。中国'双创'理念写入联合国决议,毕业生创业率已超过3%,是

---

① 习近平. 决胜全面建成小康社会 夺取新时代中国特色社会主义伟大胜利——在中国共产党第十九次全国代表大会上的报告[M]. 北京:人民出版社,2017:10.
② 习近平. 决胜全面建成小康社会 夺取新时代中国特色社会主义伟大胜利——在中国共产党第十九次全国代表大会上的报告[M]. 北京:人民出版社,2017:11.

发达国家1.6%的两倍。"① 但当前创新创业教育也存在发展不平衡不充分问题。不平衡主要有：

一是创新创业实践与创新创业教育之间的不平衡。随着创新创业实践的不断深入，"互联网+"大学生创新创业大赛自2015年举办六年来，先后有1577万名大学生、375万个团队参赛，特别是今年举办的第六届大赛，"国内高校报名参赛项目与报名人数再创新高，与2019年相比，参赛项目与人数均增长25%。国外高校积极参加大赛，名校多，世界前100强的大学中有一半以上的大学报名参赛，包括牛津大学、剑桥大学、哈佛大学等世界顶尖名校，大赛的质量与含金量再创历史新高"②。作为深化创新创业教育改革的载体、促进学生全面发展的重要平台、推动产学研用结合的关键纽带，"互联网+"大学生创新创业大赛更名为中国国际"互联网+"大学生创新创业教育大赛③，具体包含高教版块、职教版块、国际版块、萌芽版块，成为"一场真正的百国千校的国际大赛、全球最大双创教育交流平台、惊艳非凡的全球双创盛会"④。与创新创业实践领跑世界、蓬勃发展形成鲜明对比的是，创新

---

① 吴岩. 全面把握形势 全面振兴本科教育 全面发挥教指委作用 [EB/OL]. （2018-11-1）[2019-5-3]. http://wx.china.com.cn/scene/content/article/straight/7773.
② 教育部召开新闻发布会介绍第六届中国国际"互联网+"大学生创新创业大赛及深化创新创业教育改革情况 [EB/OL].（2020-11-11）[2020-12-1]. http://www.moe.gov.cn/fbh/live/2020/52651/.
③ 高教司司长吴岩: 2019年，打好全面振兴本科教育攻坚战 [EB/OL].（2019-1-28）[2019-5-3]. http://www.moe.gov.cn/s78/A08/moe_745/201901/t20190128_368232.html.
④ 教育部召开新闻发布会介绍第六届中国国际"互联网+"大学生创新创业大赛及深化创新创业教育改革情况 [EB/OL].（2020-11-11）[2020-12-1]. http://www.moe.gov.cn/fbh/live/2020/52651/.

创业教育有待深化改革。尽管自 2015 年 5 月国务院办公厅印发《意见》① 以来，高校创新创业教育向纵深发展，活力明显增强，但是创新创业教育依然存在着诸如，与高校人才培养割裂的现象，创新创业教育质量还有待提高，还不是"全过程的、全覆盖的、全链条的、面向未来的"创新创业教育②；"创业教材还缺少深度、知识体系还有盲区，教育教学方法还很传统"③，中国特色创新创业教育体系还没有完全建立起来，具有明显的西方创新创业教育印记等问题，创新创业教育亟须深化改革。

二是大学生的创新精神、创业意识、创新创业能力和社会责任感与建设创新型国家、实现中华民族伟大复兴对人才的要求之间的不平衡。当前大学生总体的创新精神、创业意识、创新创业能力和社会责任感还不强，大学生创新创业的目标功利化、利己性突出，与国家创新驱动发展、实现中华民族伟大复兴对人才的需求还不匹配。《意见》将创新创业教育作为深化高校改革的突破口、2015 年 10 月国务院颁布的《统筹推进世界一流大学和一流学科建设总体方案》④指出要"培养拔尖创新人才"，强调要"加强创新创业教育，大力推进个性化培养，全面提升学生的综合素质、国际视野、科学精神和创业意识、创造能力。合理提

---

① 国务院办公厅印发《关于深化高等学校创新创业教育改革的实施意见》[EB/OL]. (2015-5-13) [2019-5-3]. http：//www.gov.cn/xinwen/2015-05/13/content_ 2861327. htm.
② 胡金焱. 创新创业教育：理念、制度与平台 [J]. 中国高教研究, 2018 (7)：7-11.
③ 雷家骕. 根本在育人、深化在融入、基础在研究 [J]. 中国高等教育, 2015 (17)：19.
④ 国务院关于印发统筹推进世界一流大学和一流学科建设总体方案的通知 [EB/OL]. (2015-11-5) [2019-5-3]. http：//www.gov.cn/zhengce/content/2015-11/05/content_ 10269. htm.

高高校毕业生创业比例，引导高校毕业生积极投身大众创业、万众创新"①。这些文件、要求饱含了国家对高等教育加快培养拔尖创新人才能力和学生创新精神、创业意识、创新创业能力的迫切期待。

三是创新创业教育校际、区域间发展不平衡。有的地方和高校存在思想认识还没完全到位，认为创新创业教育是部分老师、学生的小范围的改革，创新创业教育是缓解毕业生就业压力的权宜之计；政策措施还不完善，有的学校没有抓住症结要害，措施制定缺乏针对性；推动力度不够，没有纳入人才培养体系，没有落实到教育教学的关键环节中等问题。创新创业教育仍然存在着一定程度的功利性、边缘化、业余教育倾向。"推进创新创业教育改革既存在'中梗阻'，也存在'最后一公里'的问题。"②

当前创新创业教育发展不充分主要有：

一是创新创业教育内涵发展不充分。对创新创业教育的本质理解还处于缺位状态，具体体现在片面化理解创新创业教育的内涵，功利色彩浓厚，还存在大量高校认为创新创业教育是把学生培养为创办企业、公司的创业者，而不是重点培养学生的创新精神、创业意识、社会责任感。对创新创业教育的定位呈现"边缘化"，相对于学科专业教育而言，创新创业教育还没有融入人才培养体系、贯穿教育全过程，在功利性理念的支配下，为了体现高创业率、高获奖率，创新创业教育的受众面偏重于"精英式"的少数学生。创新创业教育课程群建设不足。课程设置还不成体系，数量有限、单一，没有形成有机课程群。创新创业

---

① 国务院关于印发统筹推进世界一流大学和一流学科建设总体方案的通知［EB/OL］.（2015-11-5）［2019-5-3］. http：//www.gov.cn/zhengce/content/2015-11/05/content_10269.htm.

② 刘延东. 在深入推进高校创新创业教育改革座谈会上的讲话［N］. 中国教育报，2015-10-26.

教育与专业教育没有真正融合，特别是创新创业课程与专业课程结合不紧密，内容上更没有实现有机融合。

二是创新创业教育引导学生提升创新精神、社会责任感不充分。正因为部分高校对创新创业教育内涵认识缺位，理解片面，作为创新创业教育重要组成部分的创新创业价值观教育没有得到重视，对学生创新精神、创业意识、社会责任感培养上认识不到位，导致引导学生提升创新精神、社会责任感不充分。

3. 新时代大学生创新创业价值观

面对新时代的历史方位及创新创业教育发展新阶段、新矛盾，需要形成与之相匹配的新时代大学生创新创业价值观。新时代，大学生为什么要开展创新创业，开展什么样的创新创业最有意义，所进行的创新创业应该具备什么样的价值立场，都需要新时代创新创业价值观的引导。

（1）新时代大学生创新创业价值观的价值意蕴

新时代大学生创新创业价值观不是无源之水、无本之木，而是根植于新时代的历史背景之中。客观的社会存在是价值观产生和发展的物质基础。伴随中国特色社会主义进入新时代，一方面，知识经济时代凸显了创新创业精神的重要性，对人才培养提出了全新要求。正如清华大学前校长王大中所说："大学必须改变传统的只传授现成知识的教育模式，而要树立创造性的教育思想，尤其像清华这样的重点大学，培养学生的创新精神应该是最重要的。"[①] 另一方面，党的十八大以来，我国实施创新驱动发展战略，在"大众创新、万众创业"滚滚浪潮中，主动适应和引领经济新常态的重要着力点，就是要通过创新创业培育新需求、形成新的经济增长点。当前，中国特色社会主义进入新时代，不单单在于科学社会主义在中国的实践开始了新的历史时期，更在于处于中

---

① 王大中. 王大中教育文集（1994—2003）[M]. 北京：清华大学出版社，2011：107.

华民族伟大复兴的关键时期，亟须"最大限度释放全社会创新创业创造动能，不断增强我国在世界大变局中的影响力、竞争力"①，亟须培养大学生创新精神、创业能力，使其树立起与中国特色社会主义的社会性质和时代特征相匹配的创新创业价值观，在创新创业中汇聚起实现伟大中国梦的强大青春动能。这就是新时代大学生创新创业价值观出场的历史语境。

基于这一历史语境，新时代大学生创新创业价值观教育就具有了更大的价值意蕴。首先，激发大学生创新精神、增强创业能力，在创新创业中全面发展。大学生富有想象力和创造力，是创新创业的生力军和排头兵，新时代，创新创业不仅要成为大学生一种新型的就业方向、就业方式，更要成为一种价值导向、成长方式。创新创业本质上体现了人的全面发展的生命形态，是"在自己的领域内独立地进行创造"，这种创造基于人的自觉能动性，其所蕴含的生命体验，体现了对自主、自由、自觉的现实追求。其次，引导大学生树立起与中国特色社会主义的社会性质和时代特征相匹配的创新创业价值观。创业内在地具有"创富"的功利目的，大学生创新创业容易受到市场经济逐利性的影响，诱发创新创业中的逐利行为、个人主义、利己主义等不良行为和思想的发生。习近平总书记指出："必须要以社会主义核心价值观引领创新创业，让大学生坚定理想信念，练就过硬本领，勇于创新创造，矢志艰苦奋斗，锤炼高尚品格。"② 因此，开展新时代大学生创新创业价值观教育，能够引导大学生在创新创业中践行社会主义核心价值观，正确认识个人主义与集体主义、物质利益与理想信念之间的关系，坚定创新创业的社会

---

① 习近平在参加十三届全国人大二次会议福建代表团审议时的讲话［EB/OL］.（2019-3-10）［2019-5-3］. http：//www.xinhuanet.com/comments/2019-03/10/c_1124217185.htm.

② 习近平，在同各界优秀青年代表座谈时的讲话［N］. 人民日报，2013-5-5（1）.

主义方向和集体主义立场，使大学生创新创业"必须与社会主义的基本制度相统一、必须与中华民族传统文化相适合、必须与市场经济的发展规律相吻合、必须与国家法律体系相配套"①。

（2）新时代大学生创新创业价值观的内涵界定

本研究认为，新时代大学生创新创业价值观是大学生主体基于自身需求和国家、社会需要，在创新创业实践基础上，对创新创业目标的认识以及在创新创业时采取的价值判断和选择标准，是社会主义核心价值观在创新创业上的体现，以"创造价值，讲求效率"为出发点，包含创新创业价值目标、创新创业价值评价、创新创业价值选择三方面内容，以大学生个体的全面发展为最高价值理想，以是否推动社会发展和维护人民根本利益为评价标准。

新时代大学生创新创业价值观是社会主义核心价值观在创新创业上的体现。社会主义核心价值观"主导大学生创新创业发展方向、优化大学生创新创业运行过程、整合大学生创新创业价值诉求"②，从本质上规定着大学生创新创业的一元化价值导向、全心全意为人民服务的价值立场。新时代大学生创新创业是建立在自身需求和国家、社会需要的基础上，是在创新创业过程中完成自我价值实现的"小我"与为国家和人民服务的"大我"的统一，那种以单纯"创富"或者仅为一己私利的创新创业不是新时代所倡导的创新创业。

新时代大学生创新创业价值观包含创新创业价值目标、创新创业价值评价、创新创业价值选择三方面内容。创新创业价值目标是核心部分，表征着创新创业主体在创新创业实践中追求的目标，回答"创新

---

① 袁贵仁. 价值观：从理论研究到教育实践——访袁贵仁教授 [J]. 哲学动态，2005 (12)：3-7.
② 宋妍，王占仁. 论当代大学生创新创业价值观的引领 [J]. 国家行政学院学报，2017 (11)：52-57.

创业为什么"的问题。正确的创新创业价值目标应当指向自我和社会的全面发展，实现创新创业的社会价值与个体价值的统一。创新创业价值评价是创新创业主体依据一定的评价标准对创新创业活动做出判断，并以此形成自身对创新创业的态度和反应，回答"什么样的创新创业最有价值"的问题。创新创业价值选择是创新创业主体在评价基础上对自己的创新创业活动进行选择的过程，回答"选择什么样的创新创业"的问题。

在对象范畴方面，新时代大学生创新创业价值观是大学生对新时代条件下创新创业是否满足、多大程度满足自身需求和国家、社会需要的看法。新时代大学生创新创业价值观不是大学生对创新创业本身的具体价值评价，而是对创新创业有无价值和价值大小的立场与态度的总和，而且这种"创新创业"是建立在广义的创新创业概念基础之上，是基于创新的创业，是驱动经济社会发展的力量。

在生成机制方面，新时代大学生创新创业价值观是多种因素共同作用的结果。首要的，取决于大学生个体的创新创业需要，大学生在认清创新创业价值对于自身发展的重大意义基础上，会产生较强的内驱力去满足这种需要，进而在创新创业实践基础上，经过"知情意"等心理过程的作用，对创新创业价值认知进行选择、整合、结构化，形成创新创业价值观念。另一方面，任何个体的价值观都是一定时代、一定文化下的社会价值观的体现。任何一个社会都会鼓励和引导其成员去完成社会所期待的事业[①]。国家创新创业政策法规的导向、社会创新创业文化氛围的熏陶、学校创新创业教育的引导等，也通过显性的或隐性的多种途径向社会成员灌输着与社会发展同向的创新创业价值导向，潜移默化

[①] 袁贵仁.价值观的理论与实践——价值观若干问题的思考[M].北京：北京师范大学出版社，2013：132.

地影响着个体创新创业价值观的生成。

在主要内容方面，新时代大学生创新创业价值观包含创新创业价值目标、创新创业价值评价、创新创业价值选择三方面内容，该三个方面的内容从学理层面概况了新时代大学生创新创业价值观所包括的内容范畴。但为了更准确地表达、传递新时代大学生创新创业价值观的精神实质，在教育主管部门打造新时代创新创业教育升级版，创新创业教育与思政教育、智育、体育、美育、劳动教育相结合，做到"五个结合、五大平台"的建设目标下，本研究对新时代大学生创新创业价值观的基本内容进行了凝练，即"家国情怀、敢闯会创、勇于奋斗、崇尚劳动、创造大美"这五个方面，从五个维度构成了创新创业价值观的立体图式，家国情怀、敢闯会创、勇于奋斗、崇尚劳动从方向立场、素质要求、精神状态、认知态度做出具体规定，共同指向于创造大美的终极价值追求。

（3）新时代大学生创新创业价值观的功能属性

首先，新时代创新创业价值观具有主体性。主体性是创新创业价值观的根本属性。价值观都是一定主体的价值观，都反映主体自身一定的社会存在及生活经历。创新创业价值观的需求主体既包括大学生个体，也包括国家、社会，区分为创新创业个体价值观和创新创业社会价值观。创新创业社会价值观反映了当前国家以创新创业驱动经济发展的迫切需求。对教育来讲，创新驱动实际上就是人才驱动，就是要通过培养创新创业型人才为经济社会发展服务。2010年，教育部《关于大力推进高等学校创新创业教育和大学生自主创业工作的意见》[①] 明确提出创新创业教育是"适应经济社会和国家发展战略需要而产生的一种教育

---

① 关于大力推进高等学校创新创业教育和大学生自主创业工作的意见（教办〔2010〕3号）[EB/OL]．（2010-5-13）[2019-7-2]．http：//www.moe.gov.cn/srcsite/A08/s5672/201005/t20100513_120174.html．

理念与模式。"这个论述从服务国家创新驱动发展战略的角度深刻阐明了高校开展创新创业教育的价值需要。创新创业教育，通过培养规模宏大、富有创新精神、勇于投身实践的创新创业人才队伍促进社会的稳定和谐与发展进步。创新创业个体价值观反映了个体的创新创业需要。人本身就是主体性的存在，人的创新内在潜质就存在于人的主体性之中。每个创业主体因其家庭背景、成长经历、需求动机、意志信念等的不同创业主体的特征也不尽相同，呈现多元化、个性化特征。创业主体的不同，导致比如对创业目标确定的不同、对创业行为选择的不同，进而在创业实践活动中表现出个体性、差异化。即不同的创业者都会在自身认知和实践基础上形成具有自身特点的创业价值观，突出表现出创业价值观的主体性。创新创业教育就是要唤醒大学生的主体性，唤醒潜在的创业意识，使他们在自我意识的觉醒中积极而自觉地去认识和体验，在探索和实践中充分发挥自身的创造力。

其次，新时代创新创业价值观具有超知识性。创新创业教育内容不仅包括创新创业价值教育内容，也包括创新创业事实教育内容。一方面，通过创新创业实现所需要的知识体系，为形成创新创业价值观提供一定的知识基础和选择范围，并成为价值判断的有力依据；另一方面，通过创新创业价值引导，帮助大学生进行自主体验和探索，从而形成积极、正确的价值取向。创新创业教育内容之所以要兼具价值教育和事实教育，是因为，人类的知识系统只表明人们"知道什么、懂得什么"，而价值观系统则表明人们究竟"相信什么、想要什么"。知识是价值观的起点，为价值观提供一定的知识基础和选择范围，并成为价值判断的有力依据。价值观则在已有知识的基础上，指导人们按照自己的尺度进行价值判断、选择，并付诸行为。而"知道什么"并不等于"就要什么"，就像大学生知道了"什么是创新创业""创新创业如何发展"等事实观念内容，但是他不一定认识到创新创业的价值，不一定选择主动接受创新创业教育，开展创新创业实践。特别是在对创新创业没有感受和体验的情况下，创新创业价值观中所包含的理想、信念等就起到了积极的引导作用。

再次，新时代创新创业价值观具有导向性。创新创业价值观对于整个创新创业活动起着导向作用，引导着大学生对创新创业的认识，为大学生提供关于创新创业的价值目标，进而提供价值选择标准。大学生根据创新创业价值观提供的目标选择活动的对象，区分"创新创业有没有价值""创新创业有多大价值""创新创业有什么价值"，进而作出自己的思想和行为选择，确定行动的方向。创新创业价值观不仅引导着大学生创新创业的价值取向，也引领着大学生创新创业行为的发展方向，成为推动大学生创新创业持续发展的源动力。

第四，新时代创新创业价值观具有规范性。创新创业价值观规范约束着大学生的创新创业行为，涉及大学生该"怎样行动"的问题。一方面，创新创业社会价值观在国家、社会层面通过制度性框架、主流创新创业文化建设，对大学生的创新创业行为进行规范和引导，为大学生的活动提供规则、标准和模式，进而规范约束着大学生的创新创业行为向着正确的方向发展。另一方面，创新创业个体价值观帮助大学生在内心深处形成评价系统，以此判断创新创业行为的正当性，从而内在地规范、约束和调节着自身的创新创业行为。

第五，新时代创新创业价值观具有变化性。创新创业价值观不是一成不变的，具有发展性、动态变化性。新时代大学生创新创业价值观某种程度上是大学生对创新创业是否有价值、有何价值、价值多大的一种过程性、主体性的观念认知。这种价值观既存在个体的差异性，也存在个体的流变性；既存在区域性，也存在国际性。因每个人的价值观不同，在面对创业时，不同的大学生也会产生不同的价值观。价值观也不是固定不变的，总是会随着实践的变化而发生这样或那样的变化。此外，因区域的不同，受当地政治、经济、文化等因素的影响，大学生对待创新创业的态度表现不同，比如长三角地区大学生创新创业的热情相对较高，价值认同度高，而西北地区大学生创新创业的热情相对较低，价值认同度低，表现出一定的区域性。大学生对待创新创业的态度同时也表现一定的国际性，受不同文化价值观的影响，中外大学生对待创新创业的认知也是不同的。

二、理论基础

任何一种理论都不会凭空而生，其产生、演变和发展既需要从实践中进行规律性总结和本质性提升，同时还需要遵循一定的理论指导、引入一定的理论借鉴。新时代大学生创新创业价值观研究也是如此，需要从马克思主义理论、中国特色社会主义文化中综合借鉴，这对于正确认识新时代大学生创新创业价值观的理论架构发挥着基础性的关键作用。

（一）马克思主义价值观理论

价值观的结构是用来描述价值观体系内部诸要素之间相互联系和相互依存关系的范畴。马克思主义认为，人是价值的主体，同时也是价值观的主体。价值观总是一定的主体对于具有某种属性的客体有无价值及价值大小的基本看法和态度。作为价值和价值观主体的人，既可能是个体，也可以是群体，甚至人类社会。因此，如果根据主体范围的不同，大体可以将价值观的一般结构划分为两个层次：个体价值观和社会价值观[①]。

[①] 罗国杰.马克思主义价值观研究［M］.北京：人民出版社，2013：151.

社会价值观就是以人类群体为主体的价值观。社会价值观是对价值观的宏观描述，由于社会价值观的主体，即人类群体或社会是具有不同利益追求、不同认识水平的社会成员个体组成，因而在社会价值观结构中，又存在不同的价值取向。但由于受社会经济基础所决定，在多样性的价值取向中，必然有一种起核心和主干作用的价值观体系，也就是社会价值观建设中具有导向作用的价值观。尽管价值观取向存在多样性，但是价值观导向是一元的。

个体价值观就是以每一个具体的社会成员为主体的价值观。个体价值观因个体的差异而表现出巨大的差异性。个体价值观的不同，是区分不同人格境界、对个体内在素质进行评价的重要标准。个体价值观中最核心、最基本的内容是人生价值观，是关于人生价值的观念和看法。个体价值观的形成是多种因素作用的结果。首先，个体在社会经济关系中所处的地位是个体价值观形成的基础性因素。其次，个体价值观受个体独特经历的影响，特别是成长环境、教育经历等。再次，社会价值观的教育，会影响个体价值观的生成。

作为价值观的一般结构、马克思主义价值观的基本结构，社会价值观和个体价值观之间既有联系又有区别，也相互依存、相互影响、相互转化，具体体现在内容上的相通性、形式上的相似性、来源上的共同性。从内容上，社会价值观和个体价值观具有相通性。个体价值观是社会价值观的具体反映，社会价值观由个体价值观组成。从形式上，社会价值观和个体价值观具有相似性。理想、信仰，价值准则、行为规范等都是社会价值观和个体价值观的基本表现形式。从来源上，社会价值观和个体价值观的存在基础具有共同性。社会存在是二者共同的存在基础，从运行上，社会价值观和个体价值观之间的影响具有相互性。社会价值观通过显性教化方式，如教育、舆论、法规等，以及隐性方式，如文化、风俗等影响个体价值观。个体价值观的状况也直接影响社会价值观的生成、改变。当个体价值观发生变化，并在社会成员中达到一定程度的普遍性后，就形成了社会价值观的新范式。

（二）马克思关于人的自由而全面发展理论

人的自由全面发展是马克思主义追求的最高价值目标。在《资本论》中，马克思所描述的共产主义社会是一个"以每一个个人全面而自由的发展为基本原则的社会形式"[①]，阐述了人的自由而全面发展是共产主义社会的本质特征。从实践的角度，马克思具体地历史地揭示了人性，对于人的发展问题给出科学回答，即自由全面的发展，并指出实现的唯一方法是通过教育和生产劳动相结合。人的自由全面发展具体包括全面发展和自由发展两个维度。全面发展指整体性的、非片面的发展，从广度上强调人的发展的丰富性；自由发展指自觉的发展、自主的发展，从人的解放程度上强调人的发展的超越性。

在实施创新驱动发展战略背景下，我国创新发展亟须大批创新型人才。创新型人才的培养正是马克思人的自由而全面发展学说在现时代高等教育中的具象化。马克思主义关于人的自由全面发展的学说是我们制定一切教育目的的理论基础。马克思通过探寻人类历史的规律，提出了人的自由而全面发展的理想，但这是原则性的意见，并没有提出具体的标准。只有将人的自由而全面发展理想和基本精神加以现实化，才能提出符合现阶段我国社会发展水平的教育目的及价值取向。党的十九大从战略高度强调"创新是引领发展的第一动力，是建设现代化经济体系的战略支撑"，为新时代加快建设创新型国家和世界科技强国指明了方向。创新驱动实质上是人才驱动。大学生是最具创新、创业潜力的群体

[①] 马克思恩格斯文集：第5卷［M］．北京：人民出版社，2009：683．

之一，创新创业教育正是以转变教育思想、更新教育观念为先导，突破传统教育单向型、灌输式的被动接受，以创业为基本指向和落脚点，注重创新教育的应用性、实践性和针对性，关注学生未来的发展和素质提升，突出学生的广泛性、主体性、教育内容的丰富性、实践性，服务于学生的自由而全面的发展。

作为创新创业教育的重要组成部分，大学生创新创业价值观的培育就是要帮助大学生认识到创新创业是什么，创新创业为何、创新创业何为，创新创业对于个人和国家的意义，通过发挥大学生创造性的潜力和本能，激发自我超越的主体性精神，培养具有开创性的个人，帮助大学生实现自由而全面的发展。大学生创新创业价值观研究，正是基于马克思关于人的自由而全面发展学说基础上，对"为谁培养人""培养什么样的人"和"如何培养人"问题的时代回应，对于提升大学生对创新创业价值的认知和认同，提升大学生的创新精神和创业能力和社会责任感具有深刻的指导意义。

（三）马克思关于青年择业的思想

在人的一生中，尤其青年阶段，职业选择事关个人发展前途，甚至可能成为人生的重要转折。对于如何选择职业，马克思在其《青年在选择职业时的考虑》一文中做了明确阐述，青年择业的价值观、方针和原则以及青年马克思立志"为人类的福利而劳动，为人类的解放而斗争"[①]的选择，这些论述对于当代大学生开展创新创业也具有非常重要的指导意义，有利于帮助大学生树立科学世界观和革命人生观。

首先是青年择业的基本原则。青年在择业时要坚持以独立、尊严和崇高的思想和信念来考虑各个影响因素。尽管，"我们并不总是能够选

---

① 王锐生，黎德化. 读懂马克思 [M]. 成都：四川人民出版社，2001：30.

择我们自认为适合的职业；我们在社会上的关系，还在我们有能力决定它们以前就已经在某种程度上开始确立了"①，但是，马克思指出，在择业中要坚持葆有人的尊严和崇高这一最高标准。因为，只有在葆有人的尊严和崇高的原则下，"在从事这种职业时我们不是作为奴隶般的工作，而是在自己的领域内独立地进行创造。"当然，一个人的择业还会受到其他多个因素的影响，比如，个人的性格特点、优势特长、专业领域等，在择业过程中就要进行科学充分的个人职业能力评估，最终选择适合个人特点、自己喜欢的职业。"如果我们经过冷静的观察，认清了所选择的职业全部分量，了解它的困难后，仍然对它充满热情，仍然爱它，觉得自己适合于它，那时我们就可以选择它，那时我们既不会受热情的欺骗，也不会仓促从事。"②

其次是青年择业的价值目标。马克思指出："在选择职业时，我们应遵循的主要指针是人类的幸福和我们自身的完美。"③ 也许"全人类的幸福"对青年择业来说似乎遥不可及或者极不现实。但是，青年在择业过程中兼顾自我发展的"小我"和国家社会发展的"大我"还是很现实的，特别是作为当前创新创业生力军和社会主义事业的建设者和接班人的大学生，只有将个人的发展放置于国家社会发展的宏大背景中，个体才能够迸发出前所未有的力量，从而实现"小我"与"大我"的统一，这种统一不但不矛盾，而且二者能够相互促进、共同发展。尤其在为国家社会、同时代人的幸福工作时，会不自觉地激发个体的价值感、崇高感，促使个体在实现个人利益与集体利益的统一中真正地达到完美。正如马克思所说："如果我们选择了最能为人类福利而劳动的职业，那么重担就不能把我们压倒，因为这是为大家而献身；那时我们所

---

① 马克思恩格斯选集：第1卷[M].北京：人民出版社，1995：457.
② 马克思恩格斯选集：第1卷[M].北京：人民出版社，1995：457.
③ 马克思恩格斯选集：第1卷[M].北京：人民出版社，1995：459.

感到的就不是可怜的、有限的、自私的乐趣,我们的幸福将属于千百万人,我们的事业将默默地、但是永恒发挥作用的存在下去,而面对我们的骨灰,高尚的人们将洒下热泪。"① 马克思关于青年择业的价值观、方针和原则等思想告诉青年人,在择业时要将个人利益和集体利益、个人价值和社会价值紧密结合起来,使其成为自身择业的理想追求。

(四) 中华优秀传统文化中的创新创业思想

文化与教育有着十分紧密的关系②。我国是一个历史悠久的国家,具有5000多年连绵不断、博大精深的中华文化,滋养着中华民族生生不息、发展壮大。"中华优秀传统文化中很多思想理念和道德规范,不论过去还是现在,都有其永不褪色的价值。"③ "包括儒家思想在内的中国优秀传统文化中蕴藏着解决当代人类面临的难题的重要启示。"④ 在所有需要我们继承、发扬的优秀中华传统文化中,有四种思想更值得当代大学生在创新创业、全面发展的道路上去发扬光大。

1. 自强不息、厚德载物的思想

民族精神是中华民族绵延发展的深层动力和总体精神,《周易大传》中的"天行健,君子以自强不息。地势坤,君子以厚德载物"两句话,可以说是中华民族精神的集中表达。

"天行健,君子以自强不息",激励人们刚强不屈,奋发有为。也正是在这种精神激励下,中华民族在遭受挫折的时候,都能保持奋发向上的昂扬斗志和坚强意志。这种自强不息、奋进有为的精神得到了儒家

---

① 马克思恩格斯选集:第1卷 [M]. 北京:人民出版社,1995:459.
② 顾明远. 文化传统与高等教育思想观念的转变 [J]. 北京高等教育,1999 (Z1):16-18.
③ 习近平. 习近平在文艺座谈会上的讲话 [M]. 北京:人民出版社,2015:26.
④ 习近平. 在纪念孔子诞辰2565周年国际学术研讨会暨国际儒学联合会第五届委员大会开幕会上的讲话 [N]. 人民日报,2014-9-25 (2).

学派的进一步发展,我们常常用孟子的《生于忧患,死于安乐》篇中"天将降大任于斯人也"的名句来激励人们克服困难、坚定意志、奋斗不息。司马迁在《史记·太史公自序》中也列举了西伯、仲尼、屈原、左丘、孙子等诸多此类事例,司马迁本人也以自请宫刑、忍辱苟活、成就《史记》成为奋斗不息的典范。

"地势坤,君子以厚德载物",激励人们增厚美德,容载万物,从而使自己形成高尚人格。中国传统文化向来注重修身,儒家思想的核心要义之一就是"修身齐家治国平天下","修身"是基础、是根本,只有从"身"开始,才能实现到"家"到"国"再到"天下"的循序渐进。"修身"要"德""才"兼修,重在修"德"。司马光在《资治通鉴》中论证了"德"与"才"的辩证关系,进而区分了何谓"圣人、愚人、君子、小人",并以此作为用人原则①,充分说明了德的重要性。

创业维艰,创业的过程中会遇到诸多艰难险阻、问题障碍,只有保持自强不息的奋发精神,才有可能在困难中突破重围、成功创业。而创办企业首先要面对市场经济环境,市场经济的典型特征就是它的"契约精神",就是市场主体双方在竞争的基础上要葆有信用,才能保证交易的正常进行。因此,要想在市场经济中创业成功,除了必须具备各种能力外,也必须讲品行、重德性,讲信用,诚实经营,否则难以在市场中立足。"自强不息、厚德载物"的思想在培养大学生坚韧的创新创业意识的同时,也有助于打牢大学生创新创业的思想道德基础。

2. 精忠报国、振兴中华的思想

精忠报国、振兴中华是爱国的具体表现。爱国主义作为中华民族民族精神的核心,孕育了中华民族的思想品格和精神风骨,精忠报国的爱国情、坚定不移的报国志、顽强拼搏的爱国行在我国传统文化中俯拾即

---

① 资治通鉴:第一册[M]. 北京:中华书局,1956:14-15.

是。孟子的"乐以天下，忧以天下"、范仲淹的"先天下之忧而忧，后天下之乐而乐"，体现了"以天下为己任"的责任感和使命，将国家的利益摆在首位。孟子说"富贵不能淫，贫贱不能移，威武不能屈"、左传云"皮之不存，毛将安傅"则体现了古人对国家、民族的认同和归属感。文天祥的"人生自古谁无死，留取丹心照汗青"、林则徐的"苟利国家生死以，岂因祸福避趋之"，展现了志士仁人甘愿为民族、国家舍身取义，鞠躬尽瘁，死而后已的优秀品质。在历史的长河里，爱国主义也沉淀在每个中国人的心里，成为凝聚亿万中华儿女为民族、为国家奋斗的强大精神支柱。中国特色社会主义进入新时代，赋予了爱国精神新的内涵，对大学生而言，就是在爱国主义精神的指引下，不断增强创新精神、提高创新创业能力，成为祖国发展需要的创新型人才，把青春梦融入中国梦，担负起实现中华民族伟大复兴的历史使命。

3. 革故鼎新、与时俱进的思想

创新是根植于中华优秀传统文化的内在精神，中华优秀传统文化绵延不断就在于以创新为驱动力。《诗经》上有句诗说"周虽旧邦，其命维新"，"旧邦"就是有古老文化历史的国家，"新命"就是肩负的使命在于革新。《大学》中记载，汤之盘铭曰"苟日新，日日新，又日新"，是说在盘子上刻上了鼓励人不断追求革新、日新又日新的铭文，可见对革新的高度重视。《周易》说"不可为典要，唯变所适"，意思是说"《易经》这本书不可作为教条性的典籍，只能把其阴阳变化之理应用于生活"，体现了要适应变化、与时俱进的思想。革故鼎新、与时俱进就是要在辩证地吸收积极因素，去除消极因素的基础上，进行合理创造，就是要"顺乎天而应乎人"为原则，"顺乎天"就是要顺从客观规律和历史潮流，"应乎人"就是要尊重人民的意愿。今天，创新成为引领发展的第一动力。"创新"也成为大学生群体适应知识经济时代发展的首要素质,在创新创业过程中,坚持创新引领创业,开展创新型创业,将创新作为一种生活方式、人生态度。

4. 经世致用、知行合一的思想

经世致用是中国古代儒家的重要思潮之一,是中华民族的优秀传统思想。《辞源》对其解释为"经世指治理世事,致用即尽其所用"。经世致用就是学问要有利于处理国事,以解决现实问题,为治国安民提供切实可行的方法路径,从而达到"修身、齐家、治国、平天下"的目的。"知行"是中国传统哲学的重要范畴,其始于《尚书》与《左传》,《尚书》有"非知之艰,行之惟艰"之说,《左传》有"非知之实难,将在行之"之说。知行合一的代表人物是王阳明。阳明文化的核心是,不仅要认识("知"),尤其应当实践("行"),只有把"知"和"行"统一起来,才能称得上"善",致良知,知行合一。"创新是社会进步的灵魂,创业是推动经济社会发展、改善民生的重要途径",大学生开展创新创业正是经世致用思想运在现实生活中的具体体现。内在的、观念性的创新创业价值观只有外显转化为实践性的价值行为,才会产生实际的影响。大学生要通过反复实践体验,真正做到知行合一,在潜移默化中实现创新创业价值观内化为稳定持久的理想信念和价值追求,外化为自觉、主动、积极的创新创业行为。

(五) 革命文化中的创新创业思想

革命文化,是从1921年中国共产党成立后开始,在中国共产党人团结带领全国人民反对帝国主义、封建主义、官僚资本主义所进行的艰苦卓绝的革命斗争中形成的文化。革命文化融入了中国共产党人带领全国人民争取国家独立、民族解放、人民幸福的不懈斗争中,在夺取革命斗争胜利的过程中,发挥了巨大的精神引领作用,是中华民族独特的精神标识、响亮的战斗号角、强大的战斗力量。

不同的革命阶段，也形成了不同的革命文化表现形态。习近平总书记曾对"红船精神"的内涵作了深刻界定，指出"红船精神"的本质是"开天辟地、敢为人先的首创精神，坚定理想、百折不挠的奋斗精神，立党为公、忠诚为民的奉献精神"①。井冈山精神产生于开创井冈山革命根据地的伟大实践。习近平总书记2016年春节前夕赴江西看望慰问广大干部群众时指出："井冈山时期留给我们最为宝贵的财富，就是跨越时空的井冈山精神。今天，我们要结合新的时代条件，坚持坚定执着追理想、实事求是闯新路、艰苦奋斗攻难关、依靠群众求胜利，让井冈山精神放射出新的时代光芒。"② 在纪念中央革命根据地创建80周年座谈会上的讲话中，习近平总书记对苏区精神作了概况，他指出："无数革命先辈用鲜血和生命铸就了以坚定信念、求真务实、一心为民、清正廉洁、艰苦奋斗、争创一流、无私奉献等为主要内涵的苏区精神。"③ 还有长征精神、延安精神、西柏坡精神等，这里就不再一一赘述。尽管这些红色精神彰显了不同时期革命文化的特点和个性，但是都蕴涵了中国共产党人革命精神的共性，共同凝聚成为革命文化的显著精神特征，这种革命精神对新时代大学生创新创业也有着巨大的指导意义。主要体现在以下三个方面：

一是敢为人先、革故鼎新的首创精神。在军阀混战、水深火热的年代，早期中国共产党人以开天辟地的非凡胆略和勇于创新的伟大精神，克服千难万险成立一个为无产阶级服务的马克思主义政党，将马克思主

---

① 习近平. 弘扬红船精神 走在时代前列 [N]. 人民日报, 2017-12-7 (2).
② 习近平春节前夕赴江西看望慰问广大干部群众 [EB/OL]. (2016-2-4) [2019-5-3]. http://cpc.people.com.cn/n1/2016/0204/c64094-28109432.html.
③ 习近平在纪念中央革命根据地创建80周年座谈会上的讲话 [EB/OL]. (2011-11-5) [2019-5-3]. http://cpc.people.com.cn/GB/64093/64094/16143296.html.

义创造性地运用于中国革命实际，开创了一条以农村包围城市、武装夺取政权的革命道路，推翻三座大山的压迫，引领中国革命不断走向胜利。创新创业的本质是创新，需要打破旧的规制，创造新的传统，开创人生新的事业。这种敢为人先、革故鼎新的首创精神正是创新创业实践中需要锻炼培育和始终葆有的精神。

二是坚定理想、不畏艰辛的奋斗精神。中国革命的胜利在很大程度上取决于中国共产党人所保持的坚定理想、艰苦奋斗精神。革命的道路困难重重，充满危险和牺牲。但是，革命前辈在理想信念的支撑下，不惧艰难、不怕牺牲，以革命理想高于天的豪情和万水千山只等闲的气概夺取了革命的胜利。正如习近平总书记所说："我们取得的一切成就，是一代又一代中国共产党人同中国人民接续奋斗的结果。"① 创新创业的过程也不是一帆风顺的，也存在诸多不确定性因素，具有很高的风险。较之以往的一夜暴富，现在的创业，极少会让人快速致富，至少需要持续奋斗5—10年，才可以把一个企业带入稳定发展期。可以想象，在大学生创业过程中，也有诸多的问题、障碍、艰难不可避免，因此，只有树立坚定理想、不畏艰辛的奋斗精神才能克服这些困难并获得最终的成功。

三是不怕牺牲、甘于奉献的爱国精神。革命年代，无数革命先烈为了理想、为了民族的独立，毅然放弃安逸的生活，甚至牺牲了自己宝贵的生命，"杀了夏明翰，还有后来人"，这种前赴后继、不怕牺牲、甘于奉献的爱国精神已经深深熔铸于中华民族的风骨中，激励着人们在为民族独立、国家富强的斗争中不彷徨、不犹豫、不退缩。"不论树的影子有多长，根永远扎在土里。"若论中华民族根植最深、影响最大的精

---

① 习近平在庆祝中国共产党成立95周年大会上的讲话［EB/OL］.（2016-7-1）［2019-7-2］. http：//www.xinhuanet.com//politics/2016-07/01/c_1119150660.htm.

神品质，必定是爱国情怀。"爱国，不能停留在口号上，而是要把自己的理想同祖国的前途、把自己的人生同民族的命运紧密联系在一起，扎根人民，奉献国家。"① 在不同的年代，爱国也有不同的表达方式。当前，大学生爱国精神的具体体现就是将追求自我价值实现的个人梦融入中华民族伟大复兴的中国梦，作为"大众创业、万众创新"的生力军，自觉树立正确的创新创业观，不断增强创新意识，提高创业能力，通过创新创业实践为中国梦的实现奉献青春力量。

（六）社会主义先进文化中的创新创业思想

社会主义先进文化，是从中华人民共和国成立、社会主义制度在中国确立开始，在中国共产党人团结带领全国人民进行社会主义建设和改革开放的伟大实践中形成的文化。中国特色社会主义的建设史、发展史，就是一部开天辟地的创业史、奋斗史。在建国七十余年的历程中，正是我们党的历代领导集体高度重视科技，不断完善科技创新、创新发展理念，动员人民和组织广大知识分子进行了艰苦卓绝的探索，走出了一条独立自主、自力更生、自主创新的成功道路，才使得科技成果从无到有，实现从"跟跑"到"领跑"的历史性跨越。历代领导人的创新创业思想也成为激励广大学生进行创新创业的丰富思想资源。

1. 高度重视科学技术与创新

毛泽东对科学技术的重视从他在 1949 年 10 月 31 日，亲自将中国科学院印信颁给院长郭沫若，就可见一斑，这时新中国成立还不到一个月。1956 年全国知识分子问题会议上，毛泽东向全国人民发出了"向科学进军"的号召，把知识分子问题、发展科学技术问题郑重地提了出来，并将其作为全党必须密切关注的重大工作，这是新中国成立后的

---

① 习近平. 在北京大学生师生座谈会上的讲话 [N]. 人民日报，2018-5-3 (2).

第一次，极大地激发了广大知识分子的政治热情和工作积极性。1958年，毛泽东又提出要把工作重点转移到技术革命和经济建设上去，同时也十分重视尖端武器的发展，"1956年亲自批准组建尖端武器的研究部门，并提出在一个不长的时期内，要有自己的原子弹……1958年又提出要搞原子弹、氢弹、洲际导弹，并说有十年工夫完全可能……1964年当我们的导弹、原子弹即将搞出来时，又及时提出要搞反导弹导弹"①。面对苏联在重要关键技术问题上卡我们，撕毁所有合同，撤走所有专家，1960年7月，毛泽东说："要下决心，搞尖端技术。赫鲁晓夫不给我们尖端技术，极好！如果给了，这个账是很难还的。"② 1962年在制定了第二个发展科学技术的长远规划时，毛泽东指出："科学技术这一仗，一定要打，而且必须打好……现在生产关系是改变了，就要提高生产力。不搞科学技术，生产力无法提高。"③ 正是在毛泽东科技思想的引领下，新中国在一穷二白的基础上，调动了一切可以调动的力量，取得了包括"两弹一星"在内的一系列科技硕果。

1978年3月18日召开全国科学大会，邓小平在会上提出"科学技术是生产力、知识分子是工人阶级一部分"④的著名论断和"尊重知识、尊重人才"思想。同时，邓小平又敏锐洞察到"社会生产力有这样巨大的发展，劳动生产率有这样大幅度的提高，靠的是什么？最主要的是靠科学的力量、技术的力量"⑤。邓小平认为科学技术的现代化是基础，指出"四个现代化，关键是科学技术的现代化"⑥。1986年3月，邓小平亲自批准"863计划"，1988年8月，国务院批准实施"火炬计

---

① 聂荣臻军事文选 [M]. 北京：解放军出版社，1992：531.
② 毛泽东思想年编：1921—1975 [M]. 北京：中央文献出版社，2011：901.
③ 毛泽东文集：第8卷 [M]. 北京：人民出版社，1999：351.
④ 邓小平文选：第2卷 [M]. 北京：人民出版社，1994：86.
⑤ 邓小平文选：第2卷 [M]. 北京：人民出版社，1994：87.
⑥ 邓小平文选：第2卷 [M]. 北京：人民出版社，1994：86.

划",这两个计划都是瞄准世界高新技术前沿,"火炬计划"更突出了高新技术的商品化、产业化、国际化。伴随科技实践的深入,邓小平科技思想也在不断升华,在继承并发展了马克思主义的生产力学说的基础上,他在1988年9月5日会见捷克斯洛伐克总统胡萨克时更进一步指出:"马克思讲过科学技术是生产力,这是非常正确的,现在看来这样说可能不够,恐怕是第一生产力。"① 精辟地阐明了经济发展的首要推动力是科学技术。

在邓小平科技思想基础上,江泽民提出实施"科教兴国"的战略。在十五大上,作为国家发展战略,科教兴国战略和可持续发展战略被写入党代会报告。随着信息技术等高新技术的发展,知识、科技、产业等的创新不断加速,江泽民对创新的重要性越来越重视,多次强调创新。江泽民在十四大报告中首提"创新",尔后,他指出"创新是一个民族的灵魂,是一个国家兴旺发达的不竭动力"②。"科学的本质就是创新,要不断有所发现,有所发明……历史上的科学发现和技术突破,无一不是创新的结果。"③ 对科技创新在经济建设中的地位进行了论述,在1999年全国技术创新大会上,他指出"必须把以科技创新为先导促进生产力发展的质的飞跃,摆在经济建设的首要地位……这要成为一个重要的战略指导思想"④。随着对科学技术、创新作用等认识的不断深化,江泽民深刻指出"科学技术是第一生产力,而且是先进生产力的集中

---

① 邓小平关于建设有中国特色社会主义的论述专题摘编[M].北京:中央文献出版社,1992:66.
② 江泽民.全面建设小康社会 开创中国特色社会主义事业新局面[M].北京:人民出版社,2002:12.
③ 江泽民文选:第3卷[M].北京:人民出版社,2006:36.
④ 江泽民文选:第2卷[M].北京:人民出版社,2006:392.

体现和主要标志"①,成为"三个代表"思想的重要组成部分。

从世界经济和科技发展的趋势出发,胡锦涛指出"坚定不移地依靠科技进步和创新来实现全面、协调、可持续发展"②,进行创新型国家建设,并反复强调"自主创新"。2006年1月9日召开的全国科技大会,发布了《关于实施科技规划纲要增强自主创新能力的决定》③,提出建设创新型国家的重大战略目标。同年6月的两院院士大会,胡锦涛系统阐述了创新型国家建设,对走创新发展之路进行了系统的顶层设计,并连续用了三个"坚定不移"来阐述。"提高自主创新能力,建设创新型国家"写入党的十七大报告④。2010的两院院士大会上,胡锦涛又提出,"坚定不移走中国特色自主创新道路,切实把科学技术摆在优先发展的战略地位,把增强自主创新能力作为战略基点"⑤,将自主创新的重要性和地位更高的高度进行阐述。

十八大以来,习近平高度重视创新发展,尤其重视科技创新,将科技创新比作牵动全局发展的牛鼻子。通过对创新的地位、作用、世界经济发展的动力等的深刻思考,习近平指出"创新是引领发展的第一动

---

① 江泽民.在庆祝中国共产党成立八十周年大会上的讲话[M].北京:人民出版社,2001:16.
② 胡锦涛.在中国科学院第十二次院士大会中国工程院第七次院士大会上的讲话[M].北京:人民出版社,2004:4.
③ 中共中央国务院关于实施科技规划纲要增强自主创新能力的决定[EB/OL].(2011-1-26)[2019-5-3].http://www.scio.gov.cn/m/zhzc/6/2/Document/1003258/100 3258.htm.
④ 胡锦涛.高举中国特色社会主义伟大旗帜 为夺取全面建设小康社会新胜利而奋斗[M].北京:人民出版社,2007:3.
⑤ 胡锦涛.在中国科学院第十五次院士大会中国工程院第十次院士大会上的讲话[M].北京:人民出版社,2010:7.

力"①,"在激烈的国际竞争中,惟创新者进,惟创新者强,惟创新者胜"②,"综合国力竞争说到底是创新的竞争"③,"世界经济长远发展的动力源自创新"④,"实施创新驱动发展战略决定着中华民族前途命运"⑤。2015年10月,习近平在第十八届中央委员会第五次会议上,提出"创新、协调、绿色、开放、共享"五大发展理念,对创新明确"定调",并其放至于五大发展理念之首。创新要坚定不移走中国特色自主创新道路,这条道路的最大优势就是能够集中力量办大事,为适应形势的变化,还要"勇于推进理论创新、实践创新、制度创新以及其他各方面创新"⑥。十八大以来,我国的科技创新奇迹频现,成果实现跨越式增长,墨子、蛟龙、悟空、天眼、大飞机等重大科技成果相继问世,科技创新成果在世界范围内由跟跑为主,转向多领域并跑、领跑。在重视创新的同时,习近平也非常重视创业,他指出"创新是社会进步的灵魂,创业是推动经济社会发展、改善民生的重要途径"⑦。随着我国经济进入新常态,"大众创业,万众创新"自实施以来,我国的创新引领作用显著增强,"2016年成为首个进入全球创新指数前25位的中等收入经济体,并在2017年攀升至22位。创业带动就业作用突出,

---

① 习近平谈治国理政:第2卷 [M].北京:外文出版社,2017:54.
② 习近平.在欧美同学会成立100周年庆祝大会上的讲话 [N].中国青年报,2013-10-21 (02).
③ 习近平关于科技论述摘编 [M].北京:中央文献出版社,2016:7.
④ 习近平关于科技论述摘编 [M].北京:中央文献出版社,2016:9.
⑤ 习近平关于科技论述摘编 [M].北京:中央文献出版社,2016:25.
⑥ 习近平在中国共产党第十九次全国代表大会上的报告 [N].人民日报,2017-10-28 (01).
⑦ 习近平.致2013年全球创业周中国站活动组委会的贺信 [EB/OL].(2013-11-9) [2019-5-3].http://www.moe.gov.cn/jyb_ xwfb/xw_ zt/moe_ 357/s7865/s8417/s8420/201410/t20141024_ 177252.html.

新动能对新增就业的贡献率达到70%左右"①。创新创业给中国带来巨大的发展动力，也得到了国际舆论高度评价，"大众创业、万众创新"理念被联合国大会写进相关决议。十九大之后，"尊重劳动、尊重知识、尊重人才、尊重创造"也被写入新修订的《中国共产党章程》。

2. 重视独立自主、自主创新

在对如何发展科学技术上，党的历代领导人都秉持着独立自主、自力更生、自主创新的理念。在综合分析所处的世界形势基础上，毛泽东感受到不可能依靠发达国家搞科学技术，他指出："独立自主地干工业、干农业、干技术革命。"②为尽快改变我国落后的科学技术现状，邓小平强调，既要学习引进外国的先进科学技术，又"必须发展我们自己的创造，必须坚持独立自主、自力更生的方针"③。改革开放以后，随时我国与国际科技的交流合作，我国的科技发展取得了长足进步，掌握了不少先进技术，但是核心技术根本买不来。江泽民指出"在一些战略性、基础性的重大科技项目上，必须依靠自己，必须拥有自主创新的能力和自主知识产权。不能靠别人，靠别人是靠不住的"④。伴随时代背景日趋复杂和科技竞争日趋激烈，胡锦涛多次反复强调"自主创新"，并发布《关于实施科技规划纲要增强自主创新能力的决定》。伴随着中国特色社会主义进入新时代，习近平指出中华民族奋斗的基点是自力更生，强调"高质量发展要靠创新，我们国家再往前发展也要靠自主创新"⑤、"要矢志不移自主创新，坚定创新信心，着力增强自主创

---

① 邱灵. 切实提升创新创业的质量和水平 [EB/OL]. (2018-6-14) [2019-5-3]. http://views.ce.cn/view/ent/201806/14/t20180614_29429803.shtml.
② 毛泽东外交文选 [M]. 北京：中央文献出版社、世界知识出版社，1994：318.
③ 邓小平文选：第2卷 [M]. 北京：人民出版社，1994：91.
④ 江泽民文选：第2卷 [M]. 北京：人民出版社，2006：395.
⑤ 习近平：让大家心无旁骛投入创新事业中 [EB/OL]. (2019-1-18) [2019-5-3]. http://www.xinhuanet.com//2019-01/18/c_1124006805.htm.

新能力"①。

3. 创新创业要发挥艰苦奋斗、不怕吃苦精神

毛泽东非常重视对青年人艰苦奋斗精神的培养。1939年5月30日，他在延安庆贺模范青年大会上要求广大青年要"永久奋斗"，指出："什么是模范青年？就是要有永久奋斗这一条。"②他还要求学校开展艰苦奋斗教育，培养学生的创造精神，鼓励"艰苦创业"和"白手起家"，提出"学校要大力进行思想教育，进行遵守纪律、艰苦创业的教育。学生要能耐艰苦，要能白手起家……应当重视培养学生的创造精神，不要使他们像温室里的花朵一样"③。邓小平主张要有一股艰苦奋斗的创业精神，提出教育应该与国民经济发展相适应。在1992年南方谈话中，更是"大力提倡'闯'的精神、'冒'的精神，鼓励人们大胆地去闯去试，善于抢抓机会，以敢于冒险的精神走出一条新路，干出新的事业"④，这里提到的"敢于试验""冒"的精神、"抢抓机会"正是创新创业的基本要素。江泽民认为，立足我国的社会主义现代化建设还处在艰巨的创业时期，需要有伟大的创业精神来支持和鼓舞伟大的创业实践。在八届全国人大一次会议上的讲话中，他提出"64字创业精神"⑤，其中最重要的内容之一就是"艰苦奋斗，知难而进"。2002年12月，胡锦涛履新后的第一次离京考察就选择了西柏坡，而西柏坡之行的主题就是"艰苦奋斗"。在全面建设小康社会的大背景下，胡锦涛

---

① 习近平. 在中国科学院第十九次院士大会、中国工程院第十四次院士大会上的讲话[EB/OL]. (2018-5-29) [2-19-5-3]. http://ex.cssn.cn/dzyx/dzyx_jlyhz/201805/t20180529_4311421.shtml.
② 毛泽东文集：第2卷 [M]. 北京：人民出版社，1993：190.
③ 毛泽东文集：第7卷 [M]. 北京：人民出版社，1999.246.
④ 邓小平文选：第3卷 [M]. 北京：人民出版社，1993：375.
⑤ 江泽民文选：第1卷 [M]. 北京：人民出版社，2006：301.

强调"中国要实现现代化建设的目标还需要长期艰苦奋斗"①。习近平也非常重视发扬艰苦奋斗精神,他在党的十九大报告中指出:"全党一定要保持艰苦奋斗、戒骄戒躁的作风,以时不我待、只争朝夕的精神,奋力走好新时代的长征路。"②习近平多次在不同场合强调艰苦奋斗,用通俗的语言表达着对奋斗精神的弘扬,"撸起袖子加油干""幸福都是奋斗出来的"等成为老百姓日常口中的热词,甚至是座右铭。不仅要艰苦奋斗,更要胸怀梦想、为了梦想艰苦奋斗。习近平指出为了实现中华民族伟大复兴的中国梦,要"永远保持建党时中国共产党人的奋斗精神"③,"扭住这个奋斗目标,一茬接着一茬干,一棒接着一棒跑"④,激励大家为了实现梦想而接续奋斗。

4. 对青年人创新创业寄予厚望

青年是祖国的希望和未来。每一代领导人都非常重视青年的成长,对青年人创新创业寄予厚望。毛泽东认为"青年是整个社会力量中的一部分最积极最有生气的力量。他们最肯学习,最少保守思想,在社会主义时代尤其是这样"⑤。对于青年人的职业发展,毛泽东提出"结合工农、起于基层",青年人要与知识分子、工农群众结合一起,到社会基层去锻炼,才能成就事业。邓小平认为"青年应当有远大的理想,又要十分重视任何细小的工作"⑥,江泽民鼓励青年创新创业,要求教育部门要培养出越来越多的不同行业的创业者⑦,希望青年艰苦奋斗、

---

① 胡锦涛在博鳌亚洲论坛 2004 年年会开幕式上的演讲[EB/OL].(2004-4-25)[2019-5-3]. http://www.gov.cn/ldhd/2004-04/25/content_11290.htm.
② 决胜全面建成小康社会 夺取新时代中国特色社会主义伟大胜利——在中国共产党第十九次全国代表大会上的报告[M]. 北京:人民出版社,2017:69.
③ 在庆祝中国共产党成立 95 周年大会上的讲话[M] 北京:人民出版社,2016:7.
④ 习近平谈治国理政:第 2 卷[M]. 北京:外文出版社,2017:71.
⑤ 毛泽东文集:第 6 卷[M]. 北京:人民出版社,1999:460.
⑥ 邓小平文集(一九四九~一九七四年):中卷[M]. 北京:人民出版社,2014:230.
⑦ 江泽民文选:第 2 卷[M]. 北京:人民出版社,2006:335.

勇于创新创业,"发展的希望在创新,创新的希望在青年"①,"艰苦能磨炼人,创业能造就人"②。胡锦涛激励广大青年学生敏于创新,强调要全面实施素质教育,培养学生创新精神③。从"创新是引领发展的第一动力"到"释放全社会创新创业创造动能",习近平总书记为创新发展持续注入强大的思想动力;从"青年学生富有想象力和创造力,是创新创业的有生力量"到"把创新创业教育贯穿人才培养全过程,以创造之教育培养创造之人才,以创造之人才造就创新之国家",习近平总书记对青年人投身创新创业擘画蓝图;从勉励青年学子在创新创业中增长智慧才干,在艰苦奋斗中锤炼意志品质,在亿万人民为实现中国梦而进行的伟大奋斗中实现人生价值,用青春书写无愧于时代、无愧于历史的华彩篇章到青年人有理想、有本领、有担当,创新就有潜力,创业就有动力,创造就有活力,习近平总书记对青年人在创新创业中展示才华、服务社会、努力培养创新型人才寄予厚望。

社会主义先进文化中所饱含的创新创业思想为当下大学生开展创新创业实践提供了最有力的指引。大学生作为社会主义事业的建设者和接班人,必须要继承我们党历代领导人高度重视创新尤其是科技创新的传统,不断提高创新精神、创新能力,在实现"两个一百年"奋斗目标的历史交汇期,实现中华民族伟大复兴的中国梦,投身创新创业,在创新创业中融入祖国发展进步的伟大事业,主动担当、奋发有为,承担起时代所赋予的光荣使命。

---

① 江泽民文选:第3卷[M].北京:人民出版社,2006:485.
② 江泽民.在中国共产主义青年团成立八十周年大会上的讲话,载:毛泽东、邓小平、江泽民论青少年和青少年工作(增订本)[M],北京:中国青年出版社、中央文献出版社,2003:386.
③ 胡锦涛.坚定不移沿着中国特色社会主义道路前进 为全面建成小康社会而奋斗[N].人民日报,2012 11-18.

第二章 大学生创新创业价值观的内容凝练

探讨"大学生创新创业价值观的主要内容"问题,目的是为了更准确地表达、传递大学生创新创业价值观的精神实质,让大学生进一步对新时代"大学生创新创业为什么""什么样的创新创业最有价值""创新创业应该坚持什么样的价值立场"等问题有更清晰地认识,从而引导大学生形成符合社会主义核心价值观要求的创新创业价值观念。

一、凝练大学生创新创业价值观主要内容的原则

要凝练出被大学生广泛认同,经得起实践和时间检验,对大学生开展创新创业实践及个人发展都有积极导向作用的价值观不是一件容易的事情。总结凝练的过程中,既要坚持科学方法论,又要体现价值观规范化原则。

(一) 坚持继承性与时代性相结合

继承弘扬民族优秀传统文化、借鉴吸取世界各国有益文化一直以来都是文化建设的永恒主题。大学生创新创业价值观的凝练,一方面要继承中华民族优秀传统文化中所包含的独立自主、崇尚理性、和而不同等有益于创新人才培养和创造力提升的丰富资源,一方面要吸收世界发达国家在创新创业教育和实践中总结出来的、反映创新创业规律和价值的内容。同时，大学生创新创业价值观的凝练还要关照时代元素，"每一个时代的理论思维，从而我们时代的理论思维，都是一种历史的产物，它在不同的时代具有完全不同的形式，同时具有完全不同的内容"①。伴随中国特色社会主义进入新时代，创新成为引领发展的第一动力，向创新创业要活力，通过创新创业实现新的经济增长点，是现实所需，更是现实选择。创新的竞争是人才的竞争。以创造之教育培养创造之人才既是服务国家发展战略的需要，也是我国高等教育创新发展和办好人民满意的高等教育的需要。因此，新时代大学生创新创业价值观既要坚持继承与借鉴，体现民族性与世界性，又要展现新时代特点。

（二）坚持一般性与特殊性相统一

社会主义核心价值观从国家、社会、个人三个层面反映了社会主义制度的本质特征。在所有社会价值目标和价值体系中，社会主义核心价值观居于统领和支配地位，对所有公民和不同的社会群体提出了宏观价值观要求，具有一般性、广泛性、代表性的特点，体现了群体利益的最大化，是行动的准绳。大学生创新创业价值观是对创新创业认知和一定社会责任等要素结成的相对稳定的价值取向，大学生持有什么样的创新创业价值观决定了他们以什么样的态度对待创新创业，作为创业者为社会提供什么样的产品服务以及对社会的贡献大小。大学生作为"大众创业，万众创新"的生力军，创新创业价值观关乎创新创业的良性发展，关乎中国经济的发展方向、甚至关乎"中国梦"的顺利实现。大学生创新创业价值观必须要符合社会主义核心价值观的基本要求，但又需要有自身的特点，两者之间是局部与整体、特殊与一般的关系，前者被

---

① 马克思恩格斯选集：第4卷 [M]．北京：人民出版社，1995：284．

涵容在后者之中，同时又具备自己独特的时代特征、发展特征。因此，大学生创新创业价值观主要内容的凝练，也要是一般与特殊的统一，一方面要体现出社会主义核心价值观的基本精神与导向，另一方面要体现出社会主义核心价值观对大学生创新创业的价值指引。

（三）坚持理论性与实践性相一致

创新创业价值观不但要具有深刻的理论说服力、深厚的情感感召力，更要具有切实的实践操作性，才能真正被大学生普遍理解和全面掌握，真正使大学生内化于心和外化于行。理论反映现实。当前，高校创新创业教育功利化倾向、大学生对创新创业庸俗化的理解以及在创新创业价值目标上的功利性、自我性呼唤着创新创业价值观跳出理论，来面对创新创业实践中的问题并作出有效回应。理论指导现实。新时代大学生创新创业价值观的建构，应以马克思主义的立场观点方法为指导，以现实问题为线索，以鲜活的创新创业活动为基础，着重破解大学生在创新创业过程中日益凸显的"重经济价值轻精神价值""重个体利益轻社会责任"等问题。新时代大学生创新创业价值观是来自现实、又要回到现实的一种价值目标，其形成发展需要在马克思主义价值理论基础之上，从当前大学生创新创业的现实出发，不断强化创新创业价值观的理论魅力和实践效力，提升创新创业价值观的理论创造力和现实解释力。

（四）坚持理想性与现实性相呼应

创新创业价值观既然要反映创新创业的内在本质和价值目标，让大学生在创新创业中正确地对待金钱、财富、社会、发展，促使其做出正确的价值判断和行为选择，同时为高校创新创业教育提供合理的价值取向，便应当使凝练出的价值范畴既具有理想性又具有现实性。

教育不仅能够促进个体发展，还有利于个体谋生。创新创业教育是"生存"教育与"发展"教育的统一。作为人的基本生活状态，"生存"是通过获得物质资料、物质利益以延续生命；而作为人的较高层次生活状态，"发展"则是通过获得意义和价值以延伸生命。创新创业本来就是一个创造价值的过程，在创新创业教育中，一方面要教给学生实现"生存"之道，另一方面要帮助学生感知生活价值的意义，以实现物质财富创造与人生价值展现的统一。所以，新时代创新创业价值观的凝练，应当源于"生存"又高于"生存"，体现"发展"。如果仅仅局限在"生存"上就没有吸引力、激励作用，但是如果又仅仅局限在"发展"上就像"空中楼阁""镜花水月"一样不现实。创新创业价值观应该集"生存"与"发展"于一体，体现理想性与现实性的呼应。

二、凝练大学生创新创业价值观主要内容的依据

深化对大学生创新创业价值观主要内容的研究，有助于进一步挖掘和阐释大学生创新创业价值观的内涵，更为准确地表达和传递其精神实质，为促进理论的深入发展奠定基础。凝练大学生创新创业价值观也要遵循最为基本的依据。

（一）社会主义核心价值观是凝练的根本依据

社会主义核心价值观作为激发全体社会成员团结奋斗的价值目标，是大学生创新创业价值观凝练的根本依据和出发点。社会主义核心价值观与大学生创新创业价值观是整体与局部的关系，社会主义核心价值观"主导大学生创新创业发展方向、优化大学生创新创业运行过程、整合

大学生创新创业价值诉求"①，从本质上规定着大学生创新创业的发展目标、发展准则和大学生创新创业素质标准。大学生创新创业价值观涵容于社会主义核心价值观中，是社会主义核心价值观在创新创业实践中生根发芽的发展过程和现实逻辑，体现创新创业的特点和规律，为大学生提供关于创新创业的价值目标。

（二）创新型国家建设迫切需要创新创业型人才是凝练的现实依据

中国特色社会主义进入新时代，实施创新驱动发展战略，提高我国的国际竞争力，实现经济提质增效升级，亟须大批高素质的创新创业人才。创新创业人才必然要对于"大学生为什么要创新创业""什么样的创新创业最有价值""创新创业应该坚持什么样的价值立场"等问题有正确而深刻的认识，而这些问题正是大学生创新创业价值观所包含的基本内容。从本质上讲，大学生创新创业价值观的发展是大学生主体认知逐渐反映创新创业客观现实的过程，在这一主观与客观交织发展的过程中，大学生主体会不断地适应创新型国家建设对创新创业型人才的客观要求，以最大限度的满足自身的创新创业需求。因此，大学生创新创业价值观的凝练，要以创新型国家建设对创新创业型人才的迫切需要为现实依据，反映出创新创业型人才的本质特点。

（三）创新创业实践活动的深入广泛开展迫切需要与之相适应的创新创业价值观来引领是凝练的实践依据

我国的创新创业教育虽然发展时间不长，但取得了很大成绩，尤其在创新创业实践活动方面表现突出，比如"打造了一支中国乃至世界

---

① 宋妍，王占仁．论当代大学生创新创业价值观的引领 [J]．国家教育行政学院学报，2017（11）：52-57．

上最大的新锐大军，大学生创新创业大赛所聚集起来的队伍有 260 多万人；毕业生创业率已超过 3%，是发达国家 1.6% 的两倍"[①]。但是，我们在看到成绩的同时，也应该看到创新创业实践活动背后所隐藏的多样的创新创业价值取向。比如，大学生将"创富"作为创新创业价值目标的首选，表现出明显的利己性，过度关注自我。尽管创业内在地具有"创富"的功利目的，但是"创富"并不是创新创业的唯一目的。再比如，创新创业大赛连续举办九届，参与的大学生不断增多，但是，有的大学生出于保研加分等功利性目的参赛，而不是基于自身创新创业精神的增强。面对多样的创新创业价值取向，迫切需要与之相适应的创新创业价值观的引领。理论要为现实服务，科学凝练出大学生创新创业价值观，就必须深刻理解创新创业实践的现状特点和内在逻辑。

三、大学生创新创业价值观的主要内容

在深入研究大学生创新创业教育，系统梳理大学生创新创业价值观的相关文献的基础上，通过总结、提炼和升华，可以从家国情怀、敢闯会创、勇于奋斗、崇尚劳动、创造大美五个方面，引导大学生形成与新时代相契合的创新创业价值观。家国情怀规定了大学生创新创业的社会主义方向和集体主义立场，敢闯会创明确了创新驱动发展背景下大学生应具备的创新创业素质要求，勇于奋斗引导大学生在创新创业实践中应当保持的精神状态，崇尚劳动帮助大学生树立对创新创业这种高级劳动形式正确的认知态度，创造大美引领大学生通过创新创业实现促进人之自由本性的价值追求，这五个方面从五个维度构成了创新创业价值观的立体图式（见图 2-1），家国情怀、敢闯会创、勇于奋斗、崇尚劳动从

---

① 奋力跑出双创教育的"中国加速度"——专访教育部高教司司长吴岩 [EB/OL]. (2018-12-12) [2019-5-3]. http://www.swpu.edu.cn/excy/info/1036/2769.htm.

方向立场、素质要求、精神状态、认知态度做出具体规定，共同指向于创造大美的终极价值追求。

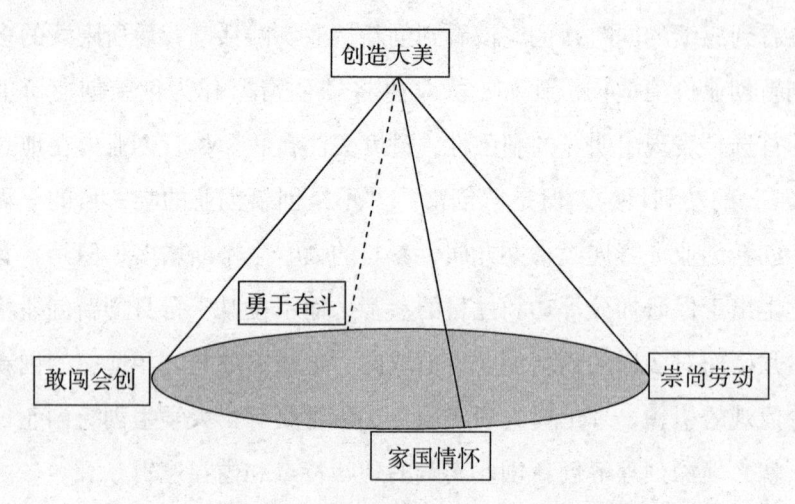

图 2-1 新时代大学生创新创业价值观主要内容结构

（一）家国情怀

从古至今，家国情怀都是有识之士最浓烈的精神底色。几千年来铭刻于骨、融化于血的爱国精神使一代又一代中国人奋不顾身地投入建设和保卫祖国的伟大事业中来。新时代大学生需要将这种浓烈的家国情怀在创新创业中延续和发扬。

首先，坚持爱党、爱国、爱社会主义的统一。《新时代爱国主义教育实施纲要》（以下简称《纲要》）指出："当代中国，爱国主义的本质就是坚持爱国和爱党、爱社会主义高度统一。"中国共产党近百年的历史、新中国 70 余年的历史就是一部筚路蓝缕不断创造历史伟业的创业史。作为社会主义事业的建设者和接班人，当代大学生要在这段创业史中深刻认识"中国共产党为什么'能'、马克思主义为什么'行'、中国特色社会主义为什么'好'，深刻认识历史和人民选择中国共产党、选择马克思主义、选择社会主义道路、选择改革开放的历史必然性，深刻认识我们国家和民族从哪里来、到哪里去，树立起坚定的中国特色社会主义道路自信、理论自信、制度自信、文化自信"①，树立起在创新创业中为中国特色社会主义共同理想而奋斗的信念和决心，自觉成为中国特色社会主义制度的拥护者和捍卫者。作为一个历史范畴，爱国主义的具体内容也因所处时代的不同而不同。因此，爱国主义教育也要"在具象化、细微处下功夫"。党的十九届四中全会决定作为具有现实指导意义的纲领性文件，全文31次提及"创新"，充分说明，在实现中华民族伟大复兴关键时期，要将创新作为解决问题的手段，推动各项事业取得创造性成果。习近平总书记指出："青年是国家和民族的希望，创新是社会进步的灵魂，创业是推动经济社会发展、改善民生的重要途径。青年学生富有想象力和创造力，是创新创业的有生力量。"大学生在创新创业实践中必将汇聚起实现中华民族伟大复兴中国梦的强大动能，以实际行动汇入推动社会进步、经济发展、改善民生的历史洪流，作出历史性贡献。

其次，坚持个人主义与集体主义的统一。《纲要》指出："要把国家富强、民族振兴、人民幸福作为不懈追求。"全心全意为人民服务的根本宗旨和集体主义的基本原则，是马克思主义价值观最核心的内容。所以，大学生的创新创业实践活动要树立"先集体、后个人"的集体主义思想，把人民的利益、国家的利益、民族的利益始终放在个人的利益之上。在市场环境中，受逐利行为的影响，拜金主义、享乐主义、唯利是图、坑蒙欺骗、自私自利的思想会不同程度地影响大学生的创新创业行为，使其面临个人利益与集体利益的选择困惑。马克思主义认为：

---

① 中共中央 国务院印发《新时代爱国主义教育实施纲要》[EB/OL].（2019-11-12）[2020-3-24]. http：//www.gov.cn/zhengce/2019-11/12/content_ 5451352.htm.

"既然正确理解的利益是全部道德的原则，那就必须使人们的私人利益符合于人类的利益。"同时，"只有在共同体中，个人才能获得全面发展其才能的手段，也就是说，只有在共同体中才可能有个人自由。"集体主义的基本原则意味着一种宽广的爱国情怀，作为社会主义建设者和接班人，服务国家、服务人民意味着把激昂的青春梦融入伟大的中国梦。实践表明，如果没有对国家、民族和人民的热爱，没有对社会责任的自觉担当，没有宏大使命的内在驱动，就很难焕发出大学生持续、强劲的创造动力，很难实现更高层次的创业成功。因此，大学生在创新创业中，要牢固树立社会主义集体主义价值观，坚持个人主义与集体主义的统一，才能不断地锤炼意志品质、厚植爱国情怀、提升道德境界，成为"一个高尚的人，一个纯粹的人，一个有道德的人，一个脱离了低级趣味的人，一个有益于人民的人"。

再次，坚持自己的理想同祖国的前途、自己的人生同民族的命运的统一。伴随中国特色社会主义进入新时代，尤其是在全球范围内掀起了以工业一体化、工业智能化以及互联网产业化等先进科技为代表的"第四次工业革命"的背景下，创新驱动、科技进步成为推动我国跨越式发展、高质量发展、建设创新型国家重要驱动器。从"创新是引领发展的第一动力"到"释放全社会创新创业创造动能"，习近平总书记为创新发展持续注入强大的思想动力；从"青年学生富有想象力和创造力，是创新创业的有生力量"到"把创新创业教育贯穿人才培养全过程，以创造之教育培养创造之人才，以创造之人才造就创新之国家"，习近平总书记为青年人投身创新创业擘画蓝图；从勉励青年学子在创新创业中增长智慧才干，在艰苦奋斗中锤炼意志品质，在亿万人民为实现中国梦而进行的伟大奋斗中实现人生价值，用青春书写无愧于时代、无愧于历史的华彩篇章到青年人有理想、有本领、有担当，创新就有潜力，创业就有动力，创造就有活力，习近平总书记对青年人在创新创业中展示才华、服务社会、努力培养创新型人才寄予厚望。在实现"两个一百年"奋斗目标的历史交汇期，实现中华民族伟大复兴的中国梦，投身创新创业，在创新创业中融入祖国发展进步的伟大事业，主动担当、奋发有为，是时代赋予当代大学生的光荣使命。新时代，建立爱国主义教育体系，要在明理、共情、弘文、力行上下功夫。当代大学生生正逢时，投身创新创业大潮，融入国家发展大局，以创新创业行动促进爱国行为养成，在创新创业过程中弘扬爱国主义精神，完成自我价值实现的"小我"与为国家和人民服务的"大我"的统一，就一定能够创造出不愧于时代的业绩。

（二）敢闯会创

创新创业教育就是要在促进创新创业实践中，帮助大学生巩固专业知识、综合知识，培养"敢闯会创"的价值观念。

敢闯，首先表现为敢为人先的精神。就是要敢于尝试，敢于探索，敢于创新；就是敢于领风气之先，领潮流之先；就是有胆有识、占尽先机，取得发展的主动权。在创新创业教育中，大学生要树立敢为人先的精神，敢于突破常规，敢想敢干，不怕失败，实现自我超越，"要有逢山开路、遇河架桥的意志，为了创新创造而百折不挠、勇往直前"①。其次表现为坚韧的创业意志。创业具有很高的风险。创业的过程中会遇到诸多艰难险阻、问题障碍，只有意志坚强的人才能克服这些困难并获得最终成功。联想集团总裁柳传志先生曾在一次演讲中以联想集团为例，指出"大家要把5%的希望变成100%的现实，因为是5%而不是1%，说明还是有一定希望的，那么就要坚定不移地把它做成功。我觉

---

① 习近平. 在同各界优秀青年代表座谈时的讲话 [N]. 人民日报，2013-5-5 (1).

得坚定不移是最为重要的"①。这种坚定不移就是创业意志的体现。创业意志是大学生在创业过程中，为了达到所设置的目标，有计划地克服各种困难的心理过程。创业意志所包含的"独立性、坚定性、果断性、自制力"是一种巨大的精神力量，能够促使创业活动持续、稳定发展。

会创，首先倡创新。习近平总书记指出："创新是一个民族进步的灵魂，是一个国家兴旺发达的不竭动力，也是中华民族最深沉的民族禀赋。在激烈的国际竞争中，惟创新者进，惟创新者强，惟创新者胜。"②青年人思想活跃、精力充沛、易于接受新鲜事物，是创新创业活动的主体。知名专家赵洪洲教授通过对 1500 至 1960 年间全世界 1249 位科学家的研究，发现其创新的最佳年龄段是 25-45 岁之间，最佳年龄是 37 岁，首次成名的创新年龄是 33 岁左右③。该研究以实例证明了青年时期是开展创新创造的"黄金期"。而大学阶段正是为这段"黄金期"打基础的关键期，高校要建立行之有效的大学生创新精神培养体系，帮助学生树立创新意识，并内化为自觉追求。其次善创业。成思危认为，"大学生思维活跃，知识水平较高，创新能力较强，理应成为创新型创业的主力军"。而机会型创业正是充满创新的创业行为。机会型创业着眼于新的市场机会，拥有更高的技术含量，有更为广阔的成长空间，不仅能解决自己的就业问题，而且能解决更多人的就业问题，真正推动经济可持续增长和社会发展。因此，对大学生而言，学会运用创新知识开展机会型创业，对促进自身发展和社会进步都有巨大的现实意义。当然，鼓励大学生开展机会型创业，也不否定依靠自身劳动、自食其力而

---

① 柳传志：创业不仅要有意志力 还要有学习能力 [EB/OL]. (2012-11-9)[2019-5-3]. http://finance.sina.com.cn/hy/20121109/120113627668.shtml.
② 习近平. 在欧美同学会成立一百周年庆祝大会上的讲话 [N]. 人民日报，2013-10-2 (2).
③ 郭有遹. 创造心理学 [M]. 北京：教育科学出版社，2002：231-232.

进行的生存型创业，毕竟，生存型创业不仅解决了自身的就业问题，也减轻了社会的就业压力。再次能创造。马克思主义指出，追求真理和创造价值是人类实践活动的两大原则和根本尺度。按照马克思主义的观点，价值从本质上来说是被创造出来的，创造价值是人类活动所追求的基本内容。创新创业作为人的实践活动，其本质也是创造价值，正如彼得·德鲁克所说："无论出于何种个人动机——追逐金钱、权力还是猎奇，或是追求名誉、希望博得他人的认同——成功的企业家都会试图去创造价值，做出贡献。他们的目标非常高。他们绝不会仅仅满足于对现有事物加以改进或修正，他们试图创造出全新且与众不同的价值和满意度，试图将一种'物质'转换成一种'资源'，试图将现有的资源结合在一种新型的、更具生产力的结构里。"[①] 创新创业的本质在于创造价值，这里的"价值"既包括经济价值，即财富，也包括社会价值和人生价值。在此，我们就不难理解为什么很多大学生开展创新创业的初衷是基于挣钱、创富，创造价值首先体现的就是经济价值，作为一种经济行为，大学生也只有在创新创业中实现经济独立、自食其力，才能创造更高层次的价值。因此，大学生想在创新创业中挣钱、创富并不是一件可耻的事情，正如本文开篇所讲的，我们不反对大学生在创新创业中创富，毕竟物质基础是大学生实现全面发展的现实需求。但是，我们反对将创富作为个体创新创业的唯一目标、终极目标，而忽略了个体的社会责任，抑或是将创新创业成果建立于损害集体利益之上。所以，大学生在创新创业中要创造经济价值，更要创造社会价值。在创新创业中体现社会责任感，"不只是要解决物质生活的需要，还要满足美好生活的需要；不仅要解决生产力落后的问题，还要解决不平衡不充分发展的问

---

① [美]彼得·德鲁克. 创新与企业家精神 [M]. 蔡文燕，译. 北京：机械工业出版社，2014：31.

题。通过创新创业推动经济社会发展、改善民生。"① 创新创业还要创造人生价值,学者杰弗里·蒂蒙斯指出:"创业既是'一种思考、推理和行动的方式',也是'创造提高和实现价值,或使价值再生'的过程;创业既是一种生活方式,也是一门人生哲学。"创业作为一种人生态度,"促使人们去追求并实现他们的梦想;去蹒跚学步,一次次地尝试;去寻找适合他们自身现状和愿望,适合他们想要的生活方式和生活地点的商机"②。

(三) 勇于奋斗

习近平总书记在纪念五四运动100周年大会的讲话中指出:"新时代中国青年要勇于砥砺奋斗。奋斗是青春最亮丽的底色。今天,我们的生活条件好了,但奋斗精神一点都不能少,中国青年永久奋斗的好传统一点都不能丢。"③ 在该讲话中,"奋斗"一词先后出现了26次,充分体现了习近平总书记对当代青年勇于奋斗的殷切期望。创新创业的过程不仅有来自外部的诸多压力和困难,也有来自创业者自身的相互矛盾情况和两难问题——"当创业者20岁时,'驱动力与精力'最高,而'智慧与判断力'最低,而当创业者50岁时,这两项数值则完全颠倒过来。"④ 因此,大学生不仅要保持永久奋斗的好传统,更要在创新创业实践中不断强化"勇于奋斗"价值观,克服创新创业中的各种困难,在创新创业中不断促进自身全面发展。在创新创业中勇于奋斗,具体包

---

① 王占仁.创新创业教育与大学生社会责任感培养 [J].高校辅导员,2018 (1):18-21.
② 蔡敦浩,林韶怡.创业教育的教学模式:典范差异与现况反思 [J].创业管理研究,2013 (2).
③ 习近平.在纪念五四运动100周年大会上的讲话 [N].光明日报,2019-5-1 (1).
④ [美] 杰弗里·迪蒙斯,[美] 小斯蒂芬·斯皮内利.创业学 [M].6版.周伟民,吕长春,译.北京:人民邮电出版社,2005:169.

括艰苦奋斗、公平竞争、团结协作三个方面。

首先是艰苦奋斗。艰苦奋斗是中华民族的优良传统，中国共产党带领中国人民进行革命和建设的历史，就是一部艰苦奋斗的创业史。从创业到不断再创业，红船精神、井冈山精神、长征精神、延安精神、西柏坡精神，大庆精神、"两弹一星"精神、抗洪精神、抗震救灾精神、载人航天精神、塞罕坝精神，都包含着艰苦奋斗的革命情操，体现了艰苦奋斗的精神面貌。历史和现实的经验也告诉我们，创业维艰。大学生创新创业的实践也充满风险、艰辛。较之以往的一夜暴富，现在的创业已经很难实现短时间内的财富急剧积累，企业进入稳定发展期至少需要5—10年的持续努力。杰弗里·迪蒙斯和小斯蒂芬·斯皮内利（Stephen Spinelli）曾这样描述创业者的旅程："想象一下，这就像一次要经过不同地形、经历各种天气条件的旅程。这个历程不仅有充满阳光、笔直平坦的高速公路，也有迂回曲折、上下起伏的羊肠小路，这些小路可能会把你逼入绝境，沿途你也可能是在渺无人烟时耗尽了汽油，或在你最想不到的时候车胎爆了，而这就是创业者的旅程。"① 从这段描述中，可以很直观地感受到不确定性和紧迫感时刻伴随着创业者。可以想象，在大学生创新创业过程中，也有诸多的问题、障碍、艰难不可避免，因此，在创新创业过程中，大学生要保持艰苦奋斗的精神，吃苦耐劳，勤勉节俭，奋发进取，不断克服困难才能实现创新创业的梦想。正如习近平总书记勉励大学生所讲的，要"在创新创业中增长智慧才干，在艰苦奋斗中锤炼意志品质"②。事实证明，只有艰苦奋斗的创业者，才能

---

① ［美］杰弗里·迪蒙斯，［美］小斯蒂芬·斯皮内利．创业学［M］．6版．周伟民，吕长春，译．北京：人民邮电出版社，2005：162．
② 习近平．回信勉励第三届中国"互联网+"大学生创新创业大赛"青年红色筑梦之旅"的大学生［EB/OL］．（2017-8-15）［2019-5-3］．http：//www.xinhuanet.com/politics/2017-08/15/c_1121487775.htm．

成为时代的胜利者。

其次是公平竞争。大学生创新创业必然要进入市场经济中,市场经济是一种契约经济。一切市场交易关系都是契约关系,这种关系体现在交易的双方在拥有一定经济资源基础上,承认对方拥有平等权利。社会主义市场经济中,各经济主体都要遵循一定的法律条文、市场标准、商品交易规则,市场交易才能有序进行。创新创业价值观培育中强化公平竞争精神,有利于大学生在创新创业行为中遵纪守法、遵守契约,在法治允许范围内的发挥智慧、自由创造,开展正当的创新创业活动。

最后是团结协作。就创新而言,在当今这样一个信息爆炸、技术革新迅猛的社会,仅凭一个人的知识和能力很难完成高精尖科技创新,科研团队是实现重大创新的前提,是高质量完成重大项目的必备因素,所以,科研创新尤其要发挥团队协作的力量。创业也是同样的道理,如果一项创业单凭创业者个人或者其亲属组成,那么其发展的规模和前景可能相当有限。新企业发展应该是一种团队合作的行为,众志成城,力量大,成果也大。尤其在今天从事知识创新型的创业活动,很少能够仅靠创业者一人就可完成。60年代的美国,曾经有一项针对高成长企业的调查显示,创业型态中,83.3%是团队创业,由此可证明团队创业的成长速度要高于单人或者个人创业。团结协作精神的锻炼将有力克服大学生在创新创业中的单打独斗,对于每个人的成长成才也至关重要。"成功的创业者大多是出色的社会活动家,他们善于与各种人打交道,能够在集体中与人自如地交往、交流,并积极主动地与人合作、互助。通过合作,能修取其所长,补己之短;通过交流,能够获取各方信息。"[①]

[①] 张喜梅. 吕雅文,大学生创业导论[M]. 北京:高等教育出版社,2005:80.

（四）崇尚劳动

马克思认为劳动既创造了人，又创造了社会，指出"生产劳动同智育和体育相结合，它不仅是提高社会生产的一种方法，而且是造就全面发展的人的唯一方法"①。创新创业实践是大学生劳动教育的一种高级形式，创新创业教育与劳动教育相结合，就是要引导学生形成"崇尚劳动"的价值观念，通过在创新创业实践中辛勤劳动、诚实劳动、创造性劳动，"感受劳动之艰、体味劳动之美，弘扬劳动精神，崇尚劳动、尊重劳动、热爱劳动，造就艰苦奋斗、锲而不舍的进取精神和爱岗敬业、精益求精的职业操守"②。

首先，在辛勤劳动中不断进取。辛勤劳动是指劳动的状态。"一勤天下无难事"就指出了成功的秘诀所在。我们前面讲到了，创业是艰辛的，需要学习管理学、经济学等多学科知识，需要面对很多突发状况，这都需要大学生本着不怕苦不怕累的态度，勤学勤思勤练，面对困难坚持不懈、面对挫折不言败不气馁，朝着既定的目标，适时调整策略，不断进取。

其次，在诚实劳动中爱岗敬业。诚实劳动是指劳动的德性。诚实守信是一种道德追求。中华民族向来有诚信的优秀传统品质，"言必信，行必果""人而无信，不知其可也""一诺千金"等至理名言常常用来训诫人们要恪守诚信标准。作为人的基本达到素质，诚信被视为立身之本、处世之宝。而经济活动的发展也离不开诚信。马克思在《资本论》

---

① 马克思恩格斯选集：第2卷［M］.北京：人民出版社，1995：248.
② 教育部高等教育司：创新创业教育汇报中国新动能［EB/OL］.（2019-10-10）［2020-3-24］. http：//www.moe.gov.cn/fbh/live/2019/51300/sfcl/201910/t20191010_402406.html.

中就指出,"竞争和信用——集中的两个最强有力的杠杆"①。诚信是信用制度的基础,诚信度越高,竞争力就越强,这是亘古不变的市场法则。完善的市场经济是信用发达的经济,市场经济中的信任是一种超越亲情伦理的、无等级差别的平等承诺与相互期待。市场经济的交易是非人格化的交易,所谓非人格化,是指市场经济中的交易,其中一方对另一方既没有个人的了解,也没有对其身份地位的限定,只有尊重统一的交易规则。市场经济中的主体必须坚持诚信价值观,才能保证市场经济稳定、高效地运转。在创新创业中,大学生必须坚守诚实守信的观念,不弄虚作假,不回避问题,以诚实劳动、爱岗敬业、严谨踏实、有责任有担当的态度和行为完成每一项工作。

再次,在创造性劳动中精益求精。创造性劳动指向劳动的性质与形态。对大学生开展创新创业教育,帮助其树立创新创业价值观,就是促进大学生增强创新精神,发挥自身创造性的潜力和本能,将创新创业作为一种行为方式和人生态度。大学生在创新创业中更多的是进行创造性劳动,在实施创新驱动发展的今天,创造性劳动已经成为现代经济演变的主要动力。这种劳动充满变革与创新,善于运用科学技术、知识进行改进,使人们将在劳动中发现的问题得以创造性地解决。针对人工智能不断发展,美国经济学家弗兰克·利维(Frank Levy)指出:"计算机和人类各具比较优势,计算机可以完成几乎所有按照既定程序操作的工作,这些工作正在越来越多地由以计算机为代表的人工智能代替人类;留给人类可以完成的是那些需要用复杂的认知去判断、执行的工作。"②创造性劳动就是这种无法被人工智能替代的工作,体现了劳动本身、劳动知识、劳动成果的创造性。而这种创造性劳动也不是一蹴而就的,往

---

① 马克思恩格斯选集:第2卷[M].北京:人民出版社,2009:289.
② 万作芳,劳动教育要顺应社会发展趋势[N].光明日报,2018-10-9(13).

往需要付出艰辛的努力、不懈的坚持，甚至是在一次次失败中积累成功的基础，但正是在这种专注、坚守中，能够磨炼大学生精益求精的品格以及对劳动创造幸福的追求。

要想在创新创业中成功，既需要辛勤劳动、诚实劳动，更需要创造性劳动。作为劳动的不同状态、形态，三者能够在创新创业这种高级劳动形式中内在地实现有机结合。创新创业价值观教育，就是要帮助大学生认识到创新创业这种高级劳动形式所包含的劳动本质，使学生能够真正认识劳动、崇尚劳动、尊重劳动，懂得"劳动最光荣、劳动最崇高、劳动最伟大、劳动最美丽"[1]的道理，进而在劳动中造就艰苦奋斗、锲而不舍的进取精神和爱岗敬业、精益求精的职业操守，在劳动中汇聚起中华民族伟大复兴的青春动能。

（五）创造大美

马克思指出："人也按照美的规律来构造。"[2] 这里马克思所谓美的规律从生存论的角度赋予人自由之本性的大美，并且，只有实现并促进人之自由本性的活动才符合美的规律。创新创业教育的本质就是要培养"具有开创性的个人"，促进大学生的自由全面发展，正是按照美的规律在创新创业实践中完善主观世界、改造客观世界。乔布斯曾直言，苹果与其他计算机公司最大的区别，在于追求科技的同时，始终保持对于艺术和美的追求。当然，创新创业教育按照美的规律帮助学生完善主观世界、改造客观世界，并不仅指有形的科技进步和产品的外观美，更重要的是，在激发大学生创造性的同时形成"创造大美"的价值观念——培育具有开创性的个人、培育具有超越性的人生境界。

---

[1] 习近平回信勉励中国劳动关系学院劳模本科班学员［EB/OL］.（2018-5-3）［2020-3-24］. https://www.sohu.com/a/230262527_99963019.
[2] 马克思恩格斯选集：第1卷［M］. 北京：人民出版社，1995：47.

培育具有开创性的个人。创新创业教育的目标就是要唤醒和塑造大学生创业型人格，使其成为"具有开创性的个人"。创新创业价值观培育通过超越单纯创富、创业率等实体性创新创业目标，转向"激发和丰富个体生命，使之具有自发涌现的创造欲望和动力、高度灵敏与发达的创造能力和自觉的创新意识"①，不断激发大学生主体性，开创生命的新境界，成为"具有开创性的个人"。

培育具有超越性的人生境界。创新创业的本质是创造价值，最为直接的表现就是经济价值，这往往会使人囿于对物质的追求、个体的狭隘中，而忽略精神空间、人生境界。创新创业价值观的培育，就是要在促进人之自由本性的活动中拓展精神空间、提升人生境界，"赋予人生以超越性，超越物欲满足、超越现实局限、超越个体孤立、超越精神奴役"②。创新创业在创造经济价值的同时，更要创造社会价值、人生价值。"人生要过得充实美好就必须要把知、意、情都充分调动起来，实现对物质世界的超越和人的自由本性的回归。"③ 在创新创业的大潮中，当大学生将自我实现的个人梦放置于为中华民族伟大复兴的中国梦时，为民族复兴、国家富强而奋斗的崇高理想能激发大学生强大的精神力量，将创新创业中遇到的艰难困苦转化为人生奋斗的精神资源，在追求创新创业成果的同时服务人民美好生活，在创新创业中获得人生意义，获得超越性的人生境界，而这正是人生之大美。

---

① 杜卫. 美育三义 [J]. 文艺研究，2016（11）：9-21.
② 丁国强，美育与人生 [N]. 中国教育报，2018-9-13（5）.
③ 丁国强，美育与人生 [N]. 中国教育报，2018-9-13（5）.

第三章 大学生创新创业价值观的现状考察

通过第一章和第二章对大学生创新创业价值观的基本内涵和主要内容的分析、界定和把握，本章将开展大学生创新创业价值观调查，采取理论与现实相结合的原则，以期更全面、客观地了解大学生创新创业价值观现状，确保在研究过程中以理论做基础，以客观一线数据做支撑，最大限度地把握大学生创新创业价值观的现实状况，能够透过现象把握本质，透过问题发现原因、找到对策。

一、调查准备

（一）问卷编制的理论基础

价值目标、价值评价、价值选择是马克思主义价值观理论内涵的重要组成部分。尽管本研究的理论基础建构在马克思主义价值观理论关于价值观的一般结构包括社会价值观和个体价值观之上，但是不管社会价值观，还是个体价值观都内在的包含着价值目标、价值评价、价值选择的内容。所以，为了能更清晰、直观地反映大学生对创新创业的观念和态度，本研究的调研部分将大学生创新创业价值观分为创新创业价值目标、创新创业价值评价、创新创业价值选择三个组成部分，将从这三个方面进行更全面、深刻的审视。

创新创业价值目标是核心部分，表征着创新创业主体在创新创业实践中追求的目标，回答"创新创业为什么"的问题。正确的创新创业价值目标应当指向自我和社会的全面发展，实现创新创业的社会价值与个体价值的统一。具体可以概括为社会价值目标（社会利他）、个体价值目标（利益实惠、自我价值实现等）。

创新创业价值评价是创新创业主体依据一定的评价标准对创新创业活动做出判断，并以此形成自身对创新创业的态度和反应。这种评价概括起来包括创新创业成功及影响因素评价、自我创新创业能力素质评价、创新创业教育评价、创新创业意向评价、创新创业作用评价等。

```
                              ┌── 社会价值目标
             ┌── 创新创业价值目标 ──┤
             │                └── 个体价值目标
             │
             │                ┌── 创新创业成功及影响因素评价
             │                ├── 自我评价
大学生创新创业价值观 ──┼── 创新创业价值评价 ──┼── 创新创业教育评价
             │                ├── 创新创业意向评价
             │                └── 创新创业作用评价
             │
             │                ┌── 择业选择
             └── 创新创业价值选择 ──┤
                              └── 义利选择
```

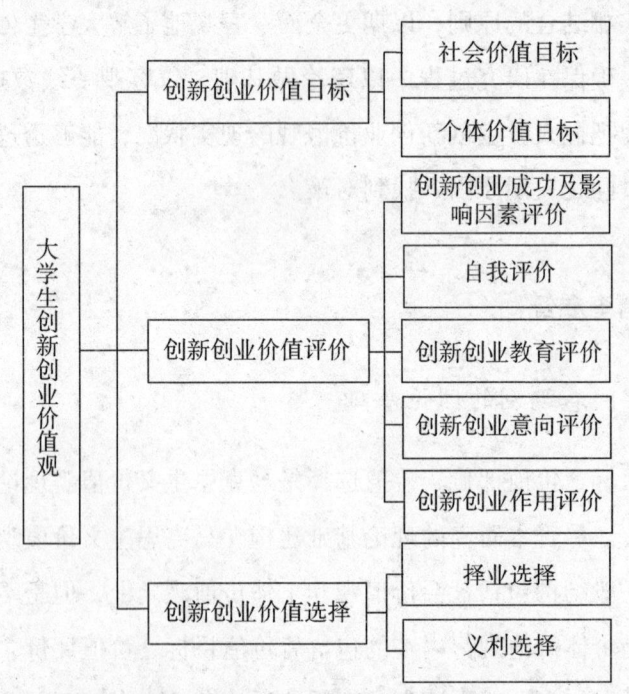

创新创业价值选择是创新创业主体在评价基础上对自己的创新创业活动进行选择的过程。我们可以将创新创业价值选择包括择业选择、义利选择。

结合以上关于大学生创新创业价值观的三个组成部分，本研究构建了调研问卷结构模型图，在下面的数据分析中也将依照该模型进行综合分析。

（二）问卷编制原则

为确保数据的合理性，问卷设计过程坚持以下三个原则：

1. 合理性原则

问卷题目紧扣大学生创新创业价值观，从大学生创新创业价值观所具体包含的创新创业价值目标、创新创业价值评价、创新创业价值选择三个方面设计题目。

2. 非诱导性原则

在对照、参考已有大学生创新创业价值观的实证分析研究成果基础上，充分考虑被测对象的主体性、客观性，采取中立性立场设置提问的答案选项，不提示、不隐含，期望通过调研，客观、充分反映被测大学生关于创新创业的真实想法。

3. 便于处理性原则

问卷设计之初就注意要方便被测答题、核查，方便结果统计整理，确保操作的方便性、可行性。

（三）问卷编制

前期，查阅价值观、创新创业价值观等相关文献资料，初步确定了量化指标范围。中期，邀请部分大学生进行访谈交流，去掉不合适指标。最后，邀请专家指导并在试测基础上，进行调整，确定最终指标。

问卷分基本信息部分和主体部分。基本信息部分设计问题13个，包括性别、所在学校类型、专业、年级、成绩、父母学历、家庭创业背景等客观信息。主体部分主要包括创新创业价值目标、创新创业价值评价、创新创业价值选择三个大方面，设计34个问题，最后一个题目为开放性题目，考察大学生从自我认知角度对创新创业价值观具体内容的概括。

（四）调查对象

利用问卷星开展调查的便捷性，针对24所高校的大学生（其中211、985高校2所，普通本科高校19所，专科学校3所）进行了调研，共填写有效问卷4233份，并使用SPSS进行分析。

二、调查分析

（一）调查对象基本情况分析

1. 性别结构

如表3-1所示，本次参与调查的性别结构男、女分别为38.53%、61.47%，女生比例超过男生比例。

表3-1 性别结构

选项	小计	比例
A 男	1631	38.53%
B 女	2602	61.47%
本题有效填写人次	4233	

2. 学校类型

如表3-2所示，本次调查选取了本科、专科层次院校，其中本科院校层次占比76.87%，高职高专院校层次占比23.13%。

第三章 大学生创新创业价值观的现状考察

表 3-2 学校类型

选项	小计	比例
A 本科院校	3254	76.87%
B 高职高专院校	979	23.13%
本题有效填写人次	4233	

3. 专业类型

如表 3-3 所示，本次调查涵盖了 11 个学科门类，分别为法学、工学、管理学、教育学、经济学、理学、历史学、农学、文学、医学、艺术学，学科范围广泛，其中经济学、工学和历史学排前三位，可能跟网络答题时组织有力有关。

表 3-3 专业类型

选项	小计	比例
A 法学	195	4.61%
B 工学	876	20.69%
C 管理学	516	12.19%
D 教育学	47	1.11%
E 经济学	957	22.61%
F 理学	423	9.99%
G 历史学	681	16.09%
H 农学	177	4.18%
I 文学	145	3.43%
J 医学	97	2.29%
K 艺术学	104	2.46%
L 哲学	15	0.35%
本题有效填写人次	4233	

4. 年级类别

如表 3-4 所示，调查主要选取了本专科生，本科一二年级共占比 89.25%，其中大一占比 49.75%，大二占比 39.40%，大四最少，主要跟大四属于高年级，网络答题的主动性比其他年级低有关系。另外，本次调研中专科占比 23.13%，专科学制三年，也是造成大四比例较低的原因之一。

表 3-4 年级类别

选项	小计	比例
A 大一	2106	49.75%
B 大二	1668	39.40%
C 大三	378	8.93%
D 大四	81	1.91%
本题有效填写人次	4233	

5. 家庭地域情况

如表 3-5 所示，来自农村的学生比例超过了一半，这与当前我国高校学生来源背景有关系。

表 3-5 家庭地域情况

选项	小计	比例
A 村	1691	39.95%
B 乡镇	556	13.13%
C 县级市城区或县城	963	22.75%
D 地级市城区	751	17.74%
E 省会城市	221	5.22%
F 直辖市	51	1.20%
本题有效填写人次	4233	

6. 学习成绩情况

如表所示，各段成绩的分布相对比较均匀，成绩为前50%的比例达到75.36%，说明受访学生在校学习态度和成绩良好。

表3-6 学习成绩情况

选项	小计	比例
A 前5%	629	14.86%
B 前10%	696	16.44%
C 前30%	896	21.17%
D 前50%	969	22.89%
E 其他	1043	24.64%
本题有效填写人次	4233	

7. 接受创业教育情况

如表3-7所示，只有29.93的学生接受过创新创业教育，70.07%的学生没有接受过，从这一数字可以看出，高校创新创业教育需要大力加强。

表3-7 接受创业教育情况

选项	小计	比例
A 是	1267	29.93%
B 否	2966	70.07%
本题有效填写人次	4233	

8. 担任学生干部情况

如表3-8所示，受访学生中64.45%的学生当过学生干部。

表 3-8　担任学生干部情况

选项	小计	比例
A 是	2728	64.45%
B 否	1505	35.55%
本题有效填写人次	4233	

9. 父母学历情况

如表 3-9、表 3-10 所示，受访学生父母的学历水平相对较低，最高学历为初中以下的，父亲占比 44.22%，母亲占比 54.05%，这和有一半受访学生是来自农村的数据相吻合。

表 3-9　父亲最高学历

选项	小计	比例
A 初中及以下	1872	44.22%
B 高中	1163	27.47%
C 大专	541	12.78%
D 本科	559	13.21%
E 硕士及以上	98	2.32%
本题有效填写人次	4233	

表 3-10　母亲的最高学历

选项	小计	比例
A 初中及以下	2288	54.05%
B 高中	1002	23.67%
C 大专	483	11.41%
D 本科	391	9.24%
E 硕士及以上	69	1.63%
本题有效填写人次	4233	

10. 家庭从商经历

如表 3-11 所示，家庭没有从商经历的占比为 62.82%，这对受访学生的创新创业价值观有一定影响，因为家庭的从商经历会在潜移默化中对学生产生影响。

表 3-11　家庭从商经历

选项	小计	比例
A 有	1574	37.18%
B 没有	2659	62.82%
本题有效填写人次	4233	

11. 家庭收入情况

如表 3-12 所示，家庭年收入在 10 万元以下的占比 71.96，其中 5 万元以下的家庭占 39.74%，与学生主要来自农村家庭比较多有关。

表 3-12　家庭年收入

选项	小计	比例
A 5 万以下	1682	39.74%
B 5-10 万	1364	32.22%
C 10-20 万	839	19.82%
D 20 万以上	348	8.22%
本题有效填写人次	4233	

综合以上受访学生的基本信息，本次调研中，受访学生为本专科生，女生较男生多，专业集中在经济学、工学和历史学，学生一半以上来自农村，父母的学历水平主要为初高中，家庭收入集中在年收入 10 万元以下，没有从商经历的家庭占半数以上。大学生创新创业价值观受多因素影响，基于以上因素，结果可能会呈现一定倾向性。

(二) 主体数据分析

1. 大学生创新创业价值目标

大学生创新创业价值目标的确立要建立在对创新创业的基本认知基础上，通过主体部分Q1（"创新创业"的含义，如图3-1）、Q3（对创新创业第一认知，如图3-2）问题的观察，有69.74%的学生认为"创新创业就是在创新基础上进行的创业"，11.65%认为"创新创业是创办企业"，也就是说有80%以上的学生对创新创业的认知只是停留在较低层次上，认为创新创业就是创办企业。只有6.07%的学生认为"创新创业是在本职岗位上进行开创性的工作"，3.5%的学生认为"创新创业是一种自由的生活方式"，从Q3来看，作为多选题，排前三位的分别是"挑战自我的方式""一种就业方式""创造价值"，39.17%的学生认为是"挑战自我的方式"，24.21%的学生认为是"一种就业方式"，21.83%的学生认为是"创造价值"。对于大学生选择创业的原因，Q2（如图3-3）给出了分析，排在前三位具体情况是，67.33%的学生认为是"展现个人才能"，54.19%的学生认为是"符合个人兴趣爱好"，52.07%的学生认为是"发展前景更好"。"带动更多人实现就业"（40.99%）、"为社会创造更多财富"（39.88%）这两项紧随其后，分别排在第四、第五位。通过Q4"您的创新创业价值目标"（如图3-4）的调查发现，自我发展（43.94%）、利益实惠（31.09%）、社会利他（13.49%）排在前三位，其余的分别为精神追求（7.61%）、名誉地位（3.87%）。在评价性调查"创业就是创富"（如图3-8），表示"赞同"和"非常赞同"的比例达到44.94%，表示"不确定"的为30.47%，这表明，有近一半的学生对于创新创业更多的期待是挣钱、创富，30.47%"不确定"也是一种犹豫、不明朗，对于大学生创新创业目标功利化、注重利益的倾向,需要通过教育来扭转。对于男女生不同性别而言,"利益实惠"和"自我发展"都是排在前两位的,所不同的是在这二者之间,男生更注重"利益实惠",而女生更注重"自我发展"(如表3-13)。在班干部这个身份限定下,班干部和非班干部对创新创业目标的认知差别不大(如表3-14),但是家庭收入对创新创业目标的认知有区别,虽然"自我发展"和"利益实惠"同样排在不同收入家庭的前两位,但是数据表明,家庭收入"20万以上"的大学生选择"利益实惠"的比例要高于其他家庭收入的比例(如表3-15)。

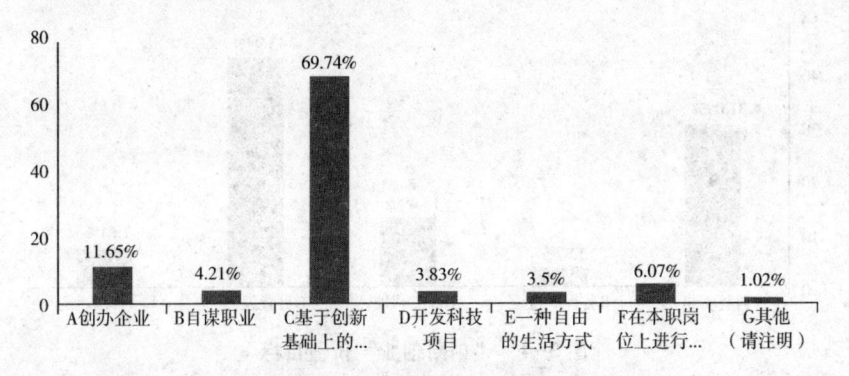

图 3-1 "创新创业"的含义

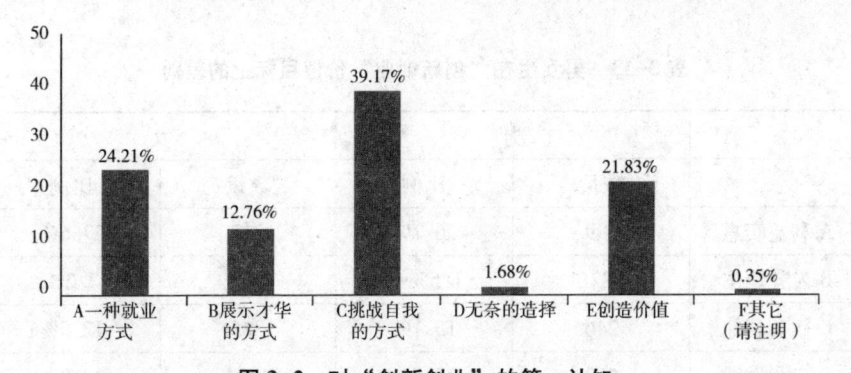

图 3-2 对"创新创业"的第一认知

大学生创新创业价值观研究 >>>

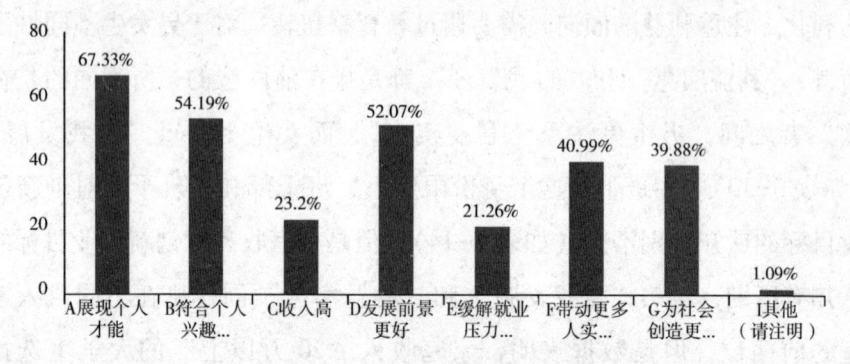

图 3-3 选择"创新创业"的原因

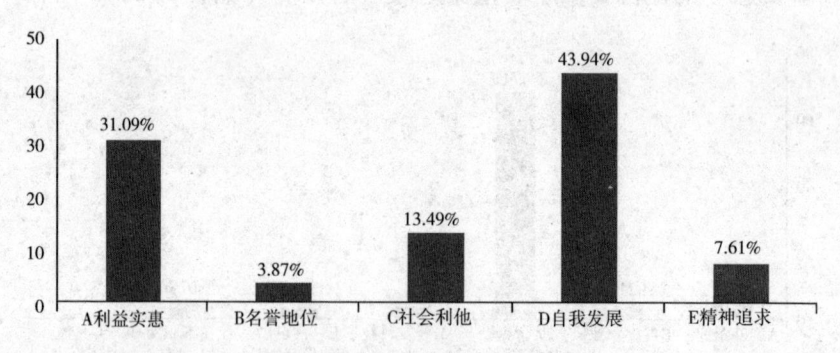

- A 展现个人才能：67.33%
- B 符合个人兴趣…：54.19%
- C 收入高：23.2%
- D 发展前景更好：52.07%
- E 缓解就业压力…：21.26%
- F 带动更多人实…：40.99%
- G 为社会创造更…：39.88%
- I 其他（请注明）：1.09%

图 3-4 "创新创业"价值目标

- A 利益实惠：31.09%
- B 名誉地位：3.87%
- C 社会利他：13.49%
- D 自我发展：43.94%
- E 精神追求：7.61%

表 3-13 男女生在"创新创业"价值目标上的差别

	男		女	
	数量	比例	数量	比例
A 利益实惠	599	36.7%	717	27.6%
B 名誉地位	82	5%	82	3.2%
C 社会利他	246	15.1%	325	12.5%
D 自我发展	579	35.5%	1281	49.2%
E 精神追求	125	7.7%	197	7.6%

表 3-14　班干部身份在"创新创业"价值目标上的差别

	班干部		非班干部	
	数量	比例	数量	比例
A 利益实惠	839	30.8%	477	31.7%
B 名誉地位	103	3.8%	61	61%
C 社会利他	371	13.6%	200	13%
D 自我发展	1207	44.2%	653	43.4%
E 精神追求	208	7.6%	114	7.6%

表 3-15　家庭收入不同在"创新创业"价值目标上的差别

	5万以下		5-10万		10-20万		20万以上	
	数量	比例	数量	比例	数量	比例	数量	比例
A 利益实惠	542	32.2%	401	29.4%	253	30.2%	120	34.5%
B 名誉地位	57	3.4%	55	5.5%	33	3.9%	19	5.5%
C 社会利他	209	12.4%	202	20.1%	115	13.7%	45	12.9%
D 自我发展	749	44.5%	610	60.8%	375	44.7%	126	36.2%
E 精神追求	125	7.4%	96	9.6%	63	7.5%	38	10.9%

综合以上数据分析可以看出，大学生对于创新创业的认知还局限在相对较低的层次，认为大学生创新创业就是创办企业或者是在创新基础上进行的创业，将创新创业作为一种挑战自我的方式或者就业方式，更多地看到的是创新创业个体层面的价值。选择创新创业的原因，主要是基于个人才能、符合个人兴趣目标、发展前景更好，虽然对"带动更多人实现就业""为社会创造更多财富"表现出认同，但是首要的还是从自身出发，这体现了大学生更注重自身发展的个体本位。在创新创业价值目标上，大学生将自我发展作为创新创业的首要目标，其次是利益实惠，二者比例远远高于"社会利他"。男生更注重"利益实惠"，而

女生更注重"自我发展"。班干部身份对创新创业价值目标的认知影响不大,但家庭收入最高的选择"利益实惠"的比例也最高。从上述选择综合分析,大学生对创新创业的价值目标更注重个体层面,主要基于个体的发展考虑,缺乏对社会层面的兼顾。虽然能够认识到创新创业的社会价值,但是将个体价值目标放在社会价值目标之前,另外,创新创业目标也体现了一定的功利性,注重利益实惠。

2. 大学生创新创业价值评价

按照上述大学生创新创业价值观调研模型,我们将大学生创新创业价值评价概括为创新创业成功及影响因素评价、自我评价、创新创业教育评价、创新创业意向评价、创新创业作用评价五个层面。

(1) 创新创业成功及影响因素评价

对于什么样的创新创业是成功的(如图3-5),排在前三位的依次为"企业规模和利润的最大化"(38.13%)、"自我发展"(23.88%)、"社会责任"(19.37%),这一点和上面对"创新创业价值目标"的数据是一致的,将"企业规模和利润最大化"作为成功标准正是对大学生在创新创业目标上注重"创业就是创富、利益实惠"的印证。"自我发展"和"社会责任"位列二三,除了挣钱、自我发展,大学生也考虑到了"社会责任",但是相较于前两位62.01%的比例低了很多。在男女分类统计中,排前三位的选择和前述一致,都是将"企业规模和利润的最大化"作为首选,且男生该选择占比40.2%,高于女生的36.8%,但在"自我发展"方面,女生选择的比例为27.6%,男生的比例则为18%,由此可以看出,女生比男生更注重自我发展。这与男女生在"创新创业价值目标"上的选择倾向一致(如表3-16)。

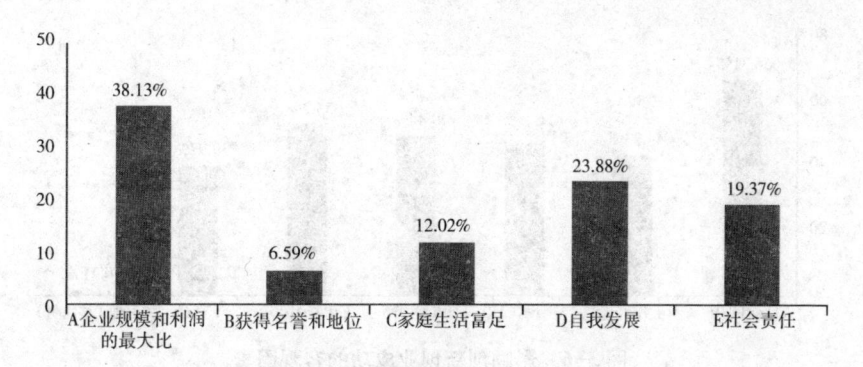

图 3-5 创新创业成功的标准

（柱状图数据：A企业规模和利润的最大比 38.13%；B获得名誉和地位 6.59%；C家庭生活富足 12.02%；D自我发展 23.88%；E社会责任 19.37%）

表 3-16 男女生在"创新创业成功的标准"上的认知差别

	男		女	
	数量	比例	数量	比例
A 企业规模和利润最大化	656	40.2%	958	36.8%
B 获得名誉和地位	153	9.4%	126	4.8%
C 家庭生活富足	223	14.4%	286	11%
D 自我发展	294	18%	717	27.6%
E 社会责任	305	18.7%	515	19.8%

在影响创新创业成功的客观因素方面（如图3-6），66.31%的学生认为社会阅历是影响创新创业成功的首要客观因素，其次为市场环境（53.2%）、人脉关系（49.44%）。在影响创新创业成功的主观因素方面（如图3-7），68.84%的学生认为创新精神排在首位，排在第二位的是市场环境（50.39%），排在第三位、第四位的比例仅仅相差0.12%，分别为创业理想（40.14%）和责任感（40.02%）。

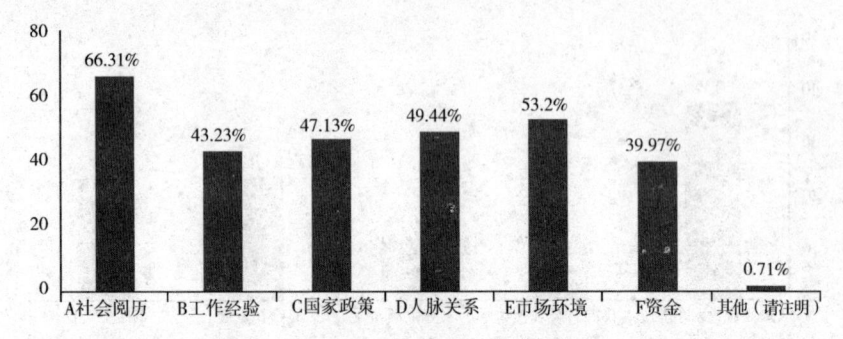

图 3-6　影响创新创业成功的客观因素

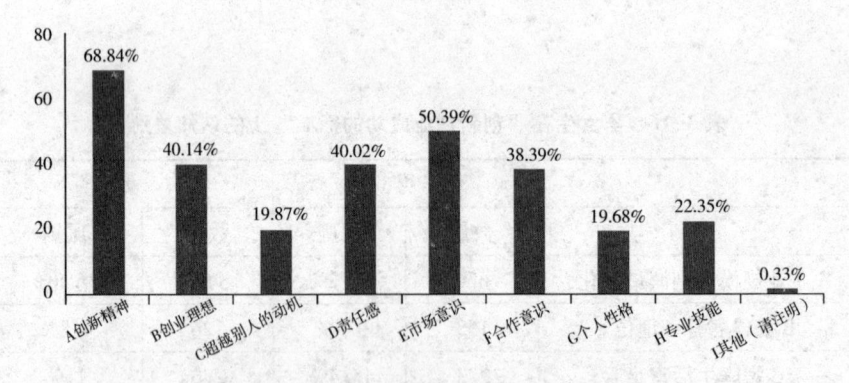

A社会阅历 66.31%
B工作经验 43.23%
C国家政策 47.13%
D人脉关系 49.44%
E市场环境 53.2%
F资金 39.97%
其他（请注明）0.71%

图 3-7　影响创新创业成功的主观因素

A创新精神 68.84%
B创业理想 40.14%
C超越别人的动机 19.87%
D责任感 40.02%
E市场意识 50.39%
F合作意识 38.39%
G个人性格 19.68%
H专业技能 22.35%
I其他（请注明）0.33%

（2）自我评价

在涉及"人生的价值体现"时（如表3-17），47.41%的学生选择了"为社会为他人做贡献，同时为家庭、为自己争取优越的生活"，是一种兼顾的态度，"为家庭、为自己争取优越的生活"（19.21%）和"挑战自我，不断发展"（11.69%）这两项基于家庭和个体的考虑要远高于"为社会为他人做贡献"（9.38%）。同时，大学生对于"青春是用来奋斗的"表现出极高的赞同度（如图3-8），这说明大学生人生观总体积极向上，有强烈的为了发展而努力拼搏、奋斗一面，但同时，也反映出大学生努力奋斗的原因是基于"为家庭、为自己争取优越的生活"以及"自身发展"。人生价值观是个体价值观中最核心、最基本的内容，积极的人生价值观能够激励大学生进行创新创业，但是过度关注自身发展必然会导致创新创业价值观失衡，从而阻碍创新创业实践的进行。此外，对于"人生在世就要及时行乐"的表示基本赞同（28.68%）和非常赞同（21.52%）的达50.2%，还有19.56%的学生表示"不确定"（如图3-8），在"是否及时行乐"的问题上存在犹豫，这两个数据说明当前大学生中享乐思想倾向严重。在前述"创新创业价值目标"的调研显示大学生创新创业价值目标具有功利性，注重利益实惠，如果在金钱面前，又有严重的享乐思想，势必会对大学生创新创业产生不良影响。

表3-17 人生的价值体现在哪方面

选项	小计	比例
A 为家庭、为自己争取优越的生活	813	19.21%
B 为社会为他人做贡献	397	9.38%
C 为社会为他人做贡献，同时为家庭、为自己争取优越的生活	2007	47.41%
D 挑战自我，不断发展	495	11.69%
E 做自己喜欢的事情	278	6.57%
F 发挥自己最大的价值	235	5.55%
G 其他（请注明）	8	0.19%
本题有效填写人次	4233	

在"失败是成功之母，不可避免""胜者王侯败者寇"两项上，大学生表现出高赞同，这说明他们能够正确面对挫折失败，这在创新创业过程中非常重要，能够激励大学生在创业失败时不被打败，从而为下一步成功创业创造可能。对于"枪打出头鸟"的否定和对"创新是一个国家兴旺发达的不竭动力""创业必须体现创新性"的高赞同，说明人

学生能够认识到创新的重要性，否定"枪打出头鸟"，不惧怕敢为人先，不惧怕失败，勇于探索实践、突破常规，有利于推动创新创业价值观的形成。

题目\选项	非常反对	比较反对	不确定	基本赞同	非常赞同
1 青春是用来奋斗的	107(2.53%)	63(1.49%)	170(4.02%)	1004(23.72%)	2889(68.25%)
2 人生在世就要及时行乐	488(11.53%)	792(18.71%)	828(19.56%)	1214(28.68%)	911(21.52%)
3 人生的价值在于为社会做出贡献	97(2.29%)	93(2.2%)	399(9.43%)	1577(37.25%)	2067(48.83%)
4 失败是成功之母,不可避免	126(2.98%)	166(3.92%)	392(9.26%)	1384(32.7%)	2165(51.15%)
5 胜者王侯败者寇	580(13.7%)	1003(23.69%)	814(19.23%)	997(23.55%)	839(19.82%)
6 **打出头鸟	650(15.36%)	1105(26.1%)	1235(29.18%)	777(18.36%)	466(11.01%)
7 创业就是创富	299(7.06%)	742(17.53%)	1290(30.47%)	1139(26.91%)	763(18.03%)
8 创业是一种生活态度和行为方式	99(2.34%)	110(2.6%)	591(13.96%)	1845(43.59%)	1588(37.51%)
9 创业就要利益最大化	360(8.5%)	854(20.17%)	1167(27.57%)	1223(28.89%)	629(14.86%)
10 学而优则仕	273(6.45%)	648(15.31%)	1081(25.54%)	1288(30.43%)	943(22.28%)
11 创新是一个国家兴旺发达的不竭动力	77(1.82%)	57(1.35%)	251(5.93%)	1137(26.86%)	2711(64.04%)
12 创业必须体现创新性	103(2.43%)	271(6.4%)	842(19.89%)	1541(36.4%)	1476(34.87%)
13 卖假货和盗版商品也是创业	2796(66.05%)	573(13.54%)	343(8.1%)	274(6.47%)	247(5.84%)
14 偷税漏税很正常	3085(72.88%)	377(8.91%)	299(7.06%)	246(5.81%)	226(5.34%)
15 凡事必须依法进行	145(3.43%)	62(1.46%)	242(5.72%)	596(14.08%)	3188(75.31%)

图 3-8 评价性描述

在对"大学生创新创业最重要的能力素质"的评价上（图 3-9），创新能力（56.25%）、机遇把握能力（51.76%）、决策能力（45.31%）被认为是最重要的三项能力素质，紧随其后的三位是团队合作能力（32.96%）、领导力（26.74%）、学习能力（24.24%）。在对"选择创业，您认为最有成就感"一项的考察上（如图 3-10），排在第一位的"给更多人创造就业机会"（30.29%）仅比排在第二位的"企业效益更好"（29.98%）多了 0.31 个百分点。

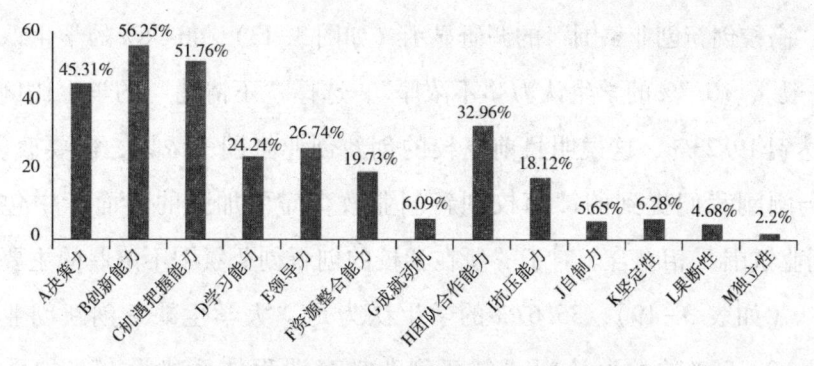

图 3-9 大学生创新创业最重要的能力素质

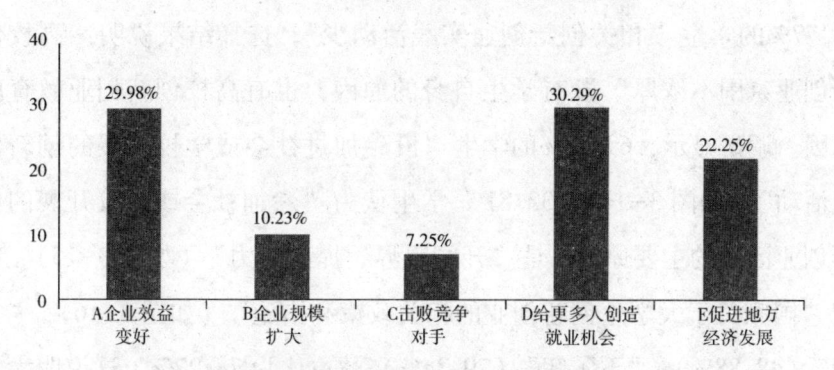

图 3-10 选择创业，您认为最有成就感

(3) 对创新创业教育的评价

从调研来看，被调研学校开展的相关创新创业活动（如图 3-11）主要有相关讲座培训（75.64%）、相关演讲竞赛（55.61%）以及相关课程（52.61%）。对高校开展的创新创业教育的满意度方面（如图 3-12），认为"一般"的最高（36.59%），有趣的是认为"一般""比较不满意""很不满意"的比例为 50.55%，也就意味着有一半多一点的学生对本校的创新创业不满意。在"高校创新创业教育需要加强的方面"上（如表 3-18），62.96% 的学生认为"创新创业实践"需要加强，41.58% 的学生认为"创业课程"需要加强，38.7% 的学生认为"创业教育师资"需要加强，另外认为需要加强的、比例较高的分别是"创业基金（37.49%）"、"创业辅导（20.58%）"、"创业氛围"（30.05%）。

对"高校创新创业氛围"的调研显示（如图3-13），40.96%的学生认为"一般"，10.7%的学生认为"不浓厚"，选择"不清楚"的学生比例竟然达到19.23%，这说明目前高校的创新创业氛围不浓厚，需要改善，这与刚刚我们提到的"高校创新创业教育需要加强的方面"中包含"创业氛围"相吻合。对于"所在学校的创新创业氛围不浓厚的主要因素"（如表3-19），35.67%的学生认为是"大学生缺乏创新创业观念"，29.55%的学生认为"创新创业教育课程体系建设有待加强"，25.77%的学生"相关创新创业实践活动少"，选择结果说明"高校创新创业氛围不浓厚"既有学生自身的原因，也有高校创新创业教育的原因。调研显示，69.57%的学生"没参加过社会或学校开展的创新创业活动"（如图3-14），33.81%学生认为"参加社会或学校开展的创新创业活动的主要原因"是"开阔眼界、提高能力"（如图3-15）。对于"国家关于大学生创新创业的相关政策和措施"（如图3-16），"一般"（48.88%）、"不了解"（29.34%）的占比为78.22%，这说明大学生对国家创新创业的相关政策和措施知晓度不高。在"大学生创新创业支持政策中最需要进一步加强和落实"的选择上（如表3-20），排在前三位的分别是"资金扶持政策"（68.67%）、"培训指导服务"（53.56%）"放宽市场准入条件"（45.33%）。

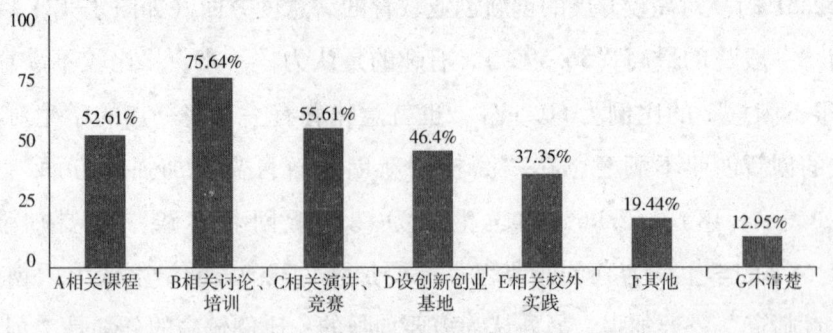

图3-11 学校开展的相关创新创业活动

A相关课程 52.61%
B相关讨论培训 75.64%
C相关演讲竞赛 55.61%
D设创新创业基地 46.4%
E相关校外实践 37.35%
F其他 19.44%
G不清楚 12.95%

第三章 大学生创新创业价值观的现状考察

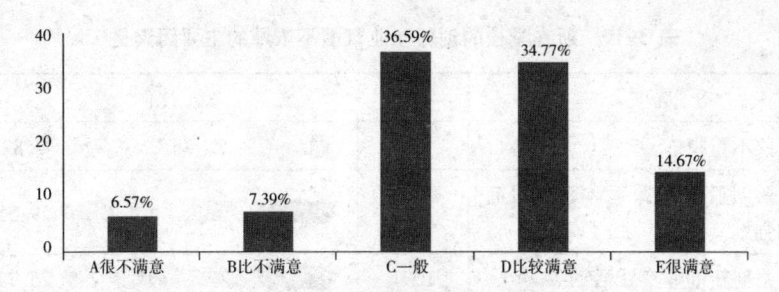

图 3-12 对所在高校的创新创业教育的满意度

（A 很不满意 6.57%；B 比不满意 7.39%；C 一般 36.59%；D 比较满意 34.77%；E 很满意 14.67%）

表 3-18 所在高校创新创业教育需要加强的方面

选项	小计	比例
A 创业课程	1760	41.58%
B 创业实践	2665	62.96%
C 创业教育师资	1638	38.7%
D 创业竞赛	785	18.54%
E 创业基金	1587	37.49%
F 创业辅导	1272	30.05%
G 创业社团	559	13.21%
H 创业讲座	339	8.01%
I 创业项目	690	16.3%
J 创业氛围	871	20.58%
K 创业科技园或孵化器	526	12.43%
L 其他（请注明）	7	0.17%
本题有效填写人次	4233	

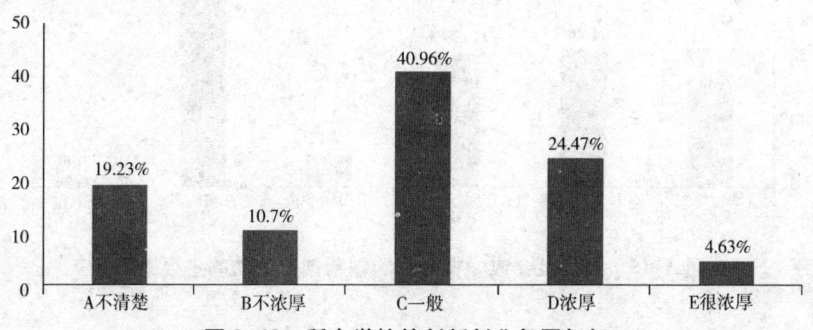

图 3-13 所在学校的创新创业氛围如何

（A 不清楚 19.23%；B 不浓厚 10.7%；C 一般 40.96%；D 浓厚 24.47%；E 很浓厚 4.63%）

97

表 3-19 所在学校的创新创业氛围不浓厚的主要因素是

选项	小计	比例
A 学校不重视	331	7.82%
B 创新创业教育课程体系建设有待加强	1251	29.55%
C 相关创新创业实践活动少	1091	25.77%
D 大学生缺乏创新创业观念	1510	35.67%
E 其他（请注明）	50	1.18%
本题有效填写人次	4233	

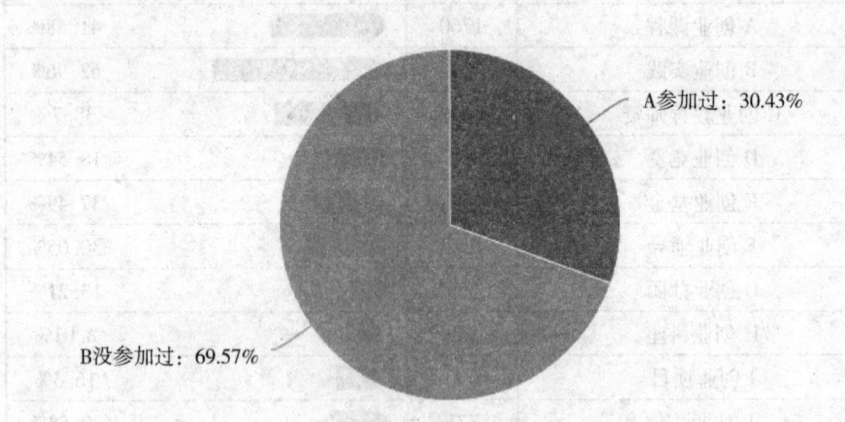

图 3-14 是否参加过社会或学校开展的创新创业活动

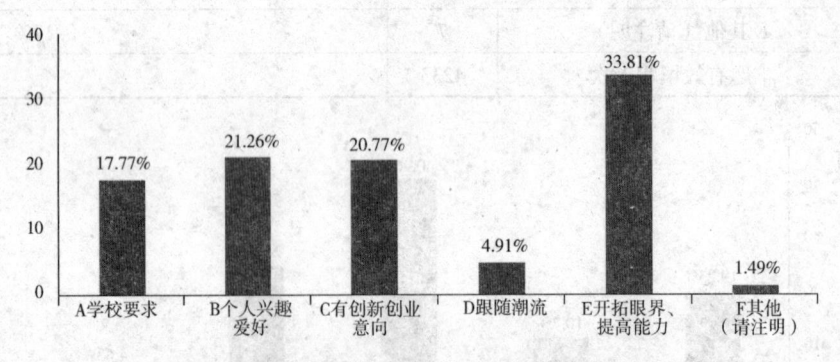

A 参加过：30.43%
B 没参加过：69.57%

图 3-15 参加社会或学校开展的创新创业活动的主要原因

A 学校要求 17.77%
B 个人兴趣爱好 21.26%
C 有创新创业意向 20.77%
D 跟随潮流 4.91%
E 开拓眼界、提高能力 33.81%
F 其他（请注明）1.49%

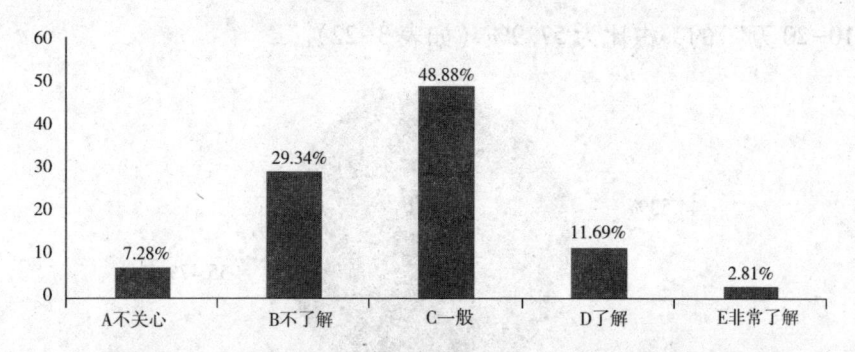

图 3-16　了解国家关于大学生创新创业的相关政策和措施情况

表 3-20　大学生创新创业支持政策中最需要进一步加强和落实是

选项	小计	比例
A 培训指导服务	2267	53.56%
B 放宽市场准入条件	1919	45.33%
C 资金扶持政策	2907	68.67%
D 创业信息服务	1511	35.7%
E 在创业地办理落户手续	688	16.25%
F 税费减免优惠政策	1225	28.94%
G 提供创业场地	1287	30.4%
H 创业项目孵化	877	20.72%
I 其他（请注明）	18	0.43%
本题有效填写人次	4233	

（4）对创新创业意向的评价

在对"是否有创新创业的意向"的调研显示（如图 3-17），55.47%的学生有创新创业意向，没有创新创业意向的占比44.53%。而男生选择创新创业的比例要明显高于女生，男生占比为64.3%，而女生占比为49.9%，高出了14.4个百分点（如表3-21）。在家庭收入的不同上，创新创业意向也体现出了差别，而且家庭收入"20万以上"倾向于创新创业的比例最高，为63.5%，排在第二位的是家庭收入在

"10-20万"的，占比为57.9%（如表3-22）。

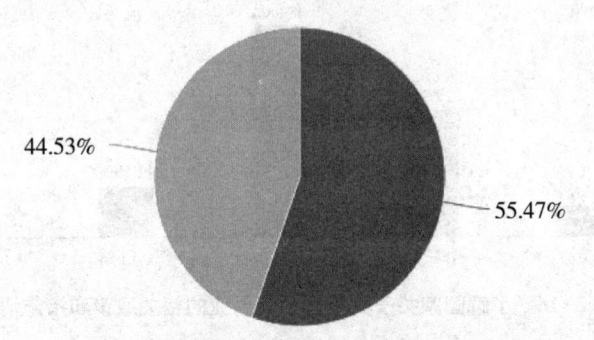

44.53%

55.47%

■ A) 的请先作答第20-I、20-II；选
■ B) 的请先作答第20-III；选从第21题作答

图3-17 是否有创新创业的意向

表3-21 家庭收入不同在创新创业意向上的差别

	男		女	
	数量	比例	数量	比例
A 有创新创业意向	1049	64.3%	1299	49.9%
B 没有创新创业意向	582	35.7%	1303	50.1%

表3-22 家庭收入不同在创新创业意向上的差别

	5万以下		5-10万		10-20万		20万以上	
	数量	比例	数量	比例	数量	比例	数量	比例
A 有创新创业意向	915	54.4%	726	53.2%	486	57.9%	221	63.6%
B 没有创新创业意向	767	45.6%	638	46.8%	353	42.1%	127	36.5%

而"不想自主创新创业"（如表3-23）排前三位的主要原因分别是"风险大"（80.09%）、"个人不适合"（59.48%）、"见效周期长"（53.08%）。而对于"创新创业想法的来源"（如表3-24），65.41%的

学生认为是源于"学校创业教育影响",54.83%的学生认为是源自"社会实践启发",49.47%的学生认为是源自"接触商业、企业活动影响",此外,"传媒影响"(47.39%)、"家庭影响"(44.67%)的占比也较高。在促使"萌生创新创业意向的最直接原因"上(如图3-18),34.07%的学生选择了"个人创业理想",这说明大学生主体的内在动因是进行创新创业的决定因素。

表3-23 不想自主创新创业的原因

选项	小计	比例
A 个人不适合	2518	59.48%
B 见效周期长	2247	53.08%
C 风险大	3390	80.09%
D 家人不支持	1236	29.2%
E 国家相关政策不健全	1270	30%
F 社会环境不给力	1804	42.62%
G 其他(请注明)	234	5.53%
本题有效填写人次	4233	

表3-24 创新创业想法是源自

选项	小计	比例
A 家庭影响	1891	44.67%
B 学校创业教育影响	2769	65.41%
C 传媒影响	2006	47.39%
D 朋友影响	1475	34.85%
E 接触商业、企业活动影响	2094	49.47%
F 社会实践启发	2321	54.83%
G 其他(请注明)	143	3.38%
本题有效填写人次	4233	

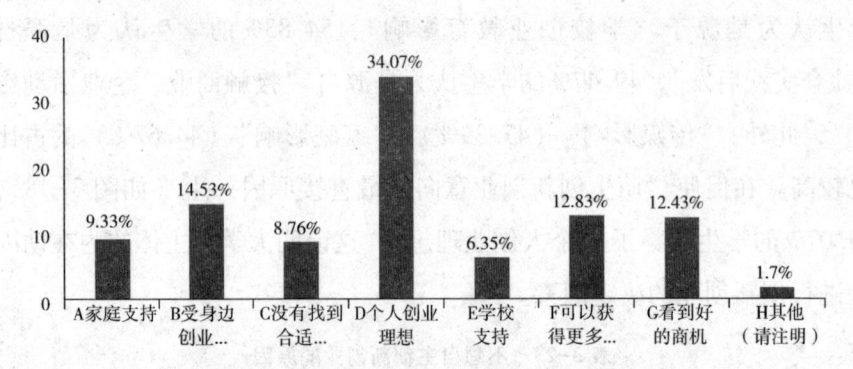

图 3-18　促使萌生创新创业意向的最直接原因

（5）创新创业作用评价

对于"创新创业给社会带来主要的价值"（如图3-19），"驱动经济发展"（72.22%）、"带动就业"（66.88%）、"创造更多物质财富"（61.73%）排在前三位，这三个数据均体现了创新创业对于经济发展的促进作用，表现出大学生认识到了创新创业在经济层面所起到的作用。在"在文化方面带来主要的价值"方面（如图3-20），排在前三位的分别是"能够弘扬以改革创新为核心的时代精神"（74.34%）、"能够弘扬'敏于发现、敢为人先'的创新精神"（67.14%）、"能够提升大学生创业意识"（51.07%），创新精神和创业意识是大学生创新创业价值观的重要内容，创新创业在创新精神和创业意识培养上具有积极的促

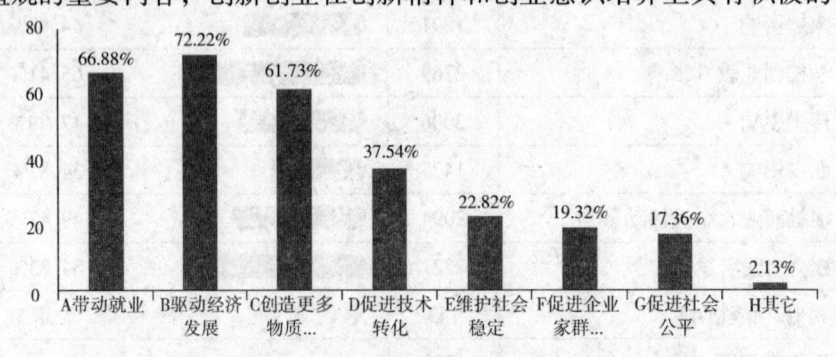

图 3-19　创新创业给社会带来主要的价值

进作用。而且，对于"高校和社会是否需要加强创新创业文化建设"上（如图3-21），54.95%的学生认为"需要"，27.33%的学生认为"很需要"，这也充分体现了大学生对创新创业文化的认同及渴求。

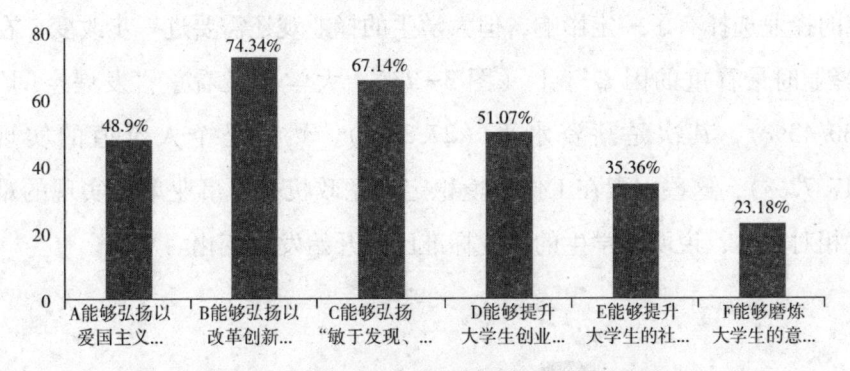

图3-20　创新创业在文化方面带来主要的价值

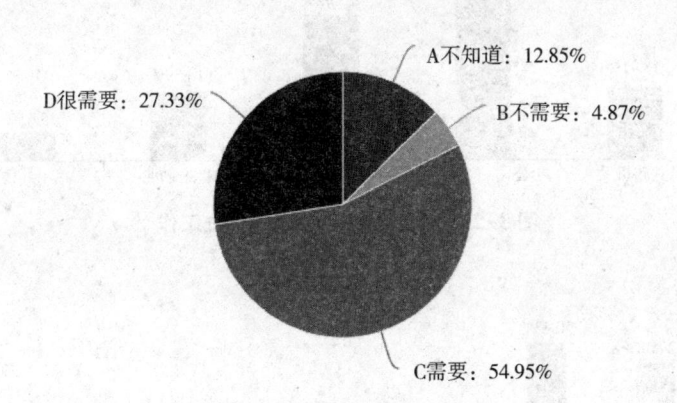

图3-21　高校和社会是否需要加强创新创业文化建设

3. 大学生创新创业价值选择

关于"希望到何种性质的单位工作"（如图3-22）的调研显示，39.12%的学生选择了到"公司、企业"就业，13.39%的学生选择了"自主创业"，但是选择"党政机关"（13.91%）与"事业单位"（27.92%）比例之和达到41.83%，虽然这比52.7%的学生赞同"学而优则仕"的比例低一些（如图3-7所示），特别是在接受过创新创业教育的学生中,选择到"公司、企业"(34.8%)与"自主创业"(14%)之和为48.8%,仅仅比选择"党政机关"(16.7%)和"事业单位"(29.3%)之和(46%)高出了2.8%,这说明尽管创新创业教育对学生的择业选择有了一定影响,但大学生的择业观还需要进一步改变。在"择业时最看重的因素"上(图3-23),大学生最看重"发展空间"(30.43%),其次是薪资水平(27.38%)、然后是个人价值的实现(17.72%),这些因素在工作环境稳定的党政机关、事业单位实现的难度相对较大,说明大学生的择业标准已经开始发生变化。

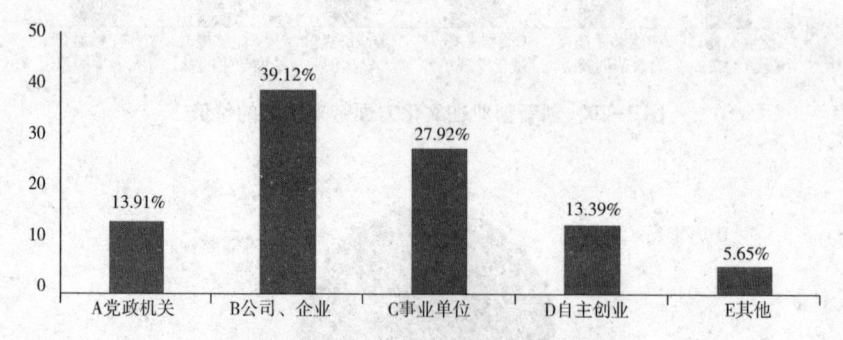

图 3-22 希望到何种性质的单位工作

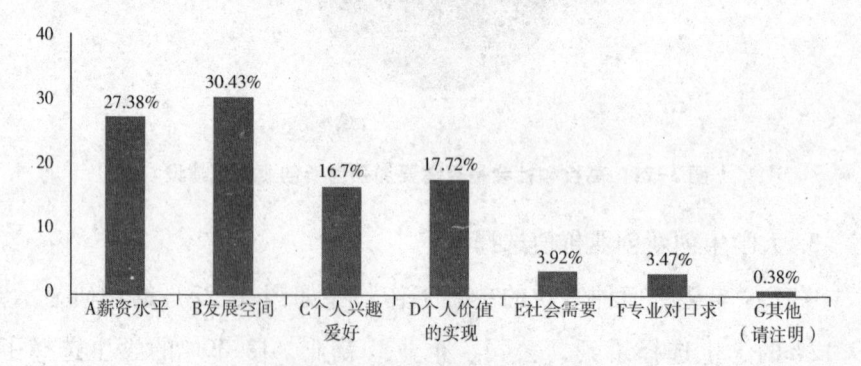

图 3-23 择业时最看重的因素

在涉及"创新创业中,当个人利益和集体利益发生冲突时"(如图3-24),41.63%的大学生选择了"个人利益服从集体利益",但也有40.94%的学生选择了"集体利益为主,兼顾个人利益"。说明绝大部分的学生能够正确处理集体和个人利益问题,但是仍然有9.43%的大学生选择"个人利益为主,兼顾集体利益"、5.43%的大学生选择"集体利益服从个人利益",合计14.84%的学生首先考虑个人利益,存在个人利己主义思想。家庭收入的不同在此也表现出了差别,不管是在"个人利益为主,兼顾集体利益"还是在"集体利益服从个人利益"上,收入"20万元以上"的比例都是最高的,如果将B、C、E三项加和,也就是说这三项代表的是个人利益为主,可以得出从"5万元以下"到"20万元以上"收入区间分别为15.1%、17.5%、18.5%、26.4%,收入越高,越注重个人利益(如表3-25),这个结果让人有点始料未及,需要加强关注。

表3-25 家庭收入不同在"创新创业中,当个人利益和集体利益发生冲突时"的差别

	5万元以下		5-10万元		10-20万元		20万元以上	
	数量	比例	数量	比例	数量	比例	数量	比例
A 个人利益服从集体利益	734	43.6%	555	40.7%	334	39.8%	139	39.9%
B 个人利益为主,兼顾集体利益	132	7.8%	133	9.8%	81	9.7%	53	15.3%
C 集体利益服从个人利益	91	5.4%	70	5.1%	43	5.1%	26	7.5%
D 集体利益为主,兼顾个人利益	695	41.3%	571	41.9%	350	41.7%	117	33.6%
E 说不清	30	1.9%	35	2.6%	31	3.7%	13	3.7%

对于"物质满足和精神追求"的看法上(如图3-25),47.93%的

大学生选择"既追求物质需要，也追求精神需要，并能很好的调节二者的关系"，15.76%的大学生选择"注重追求精神需要的满足，因为精神是更高的需要"，18.54%的大学生选择"既追求物质需要，也追求精神需要，但二者有时发生矛盾"，该选项可以看出大学生对二者发生冲突时的犹豫态度，不能正确处理二者间的矛盾。17.77%的大学生选择了"注重追求物质需要的满足，因为物质是基础"，从后面的这两个选项所占的比例36.31%来看，我们还需要加强对大学生的思想教育，帮助他们正确处理物质需要与精神需要的关系。

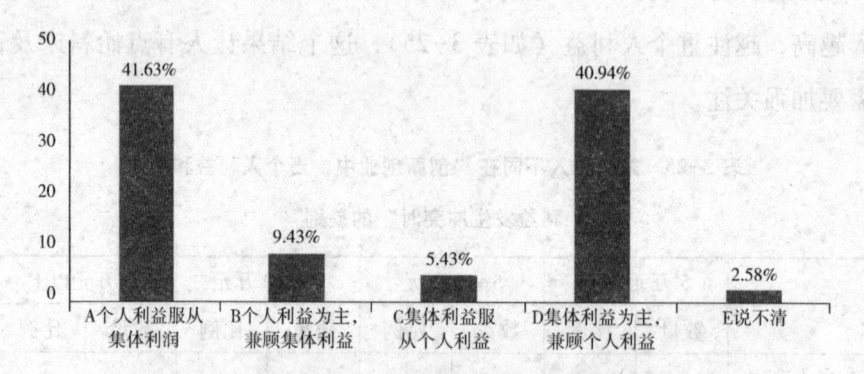

图3-24 创新创业中，当个人利益和集体利益发生冲突时

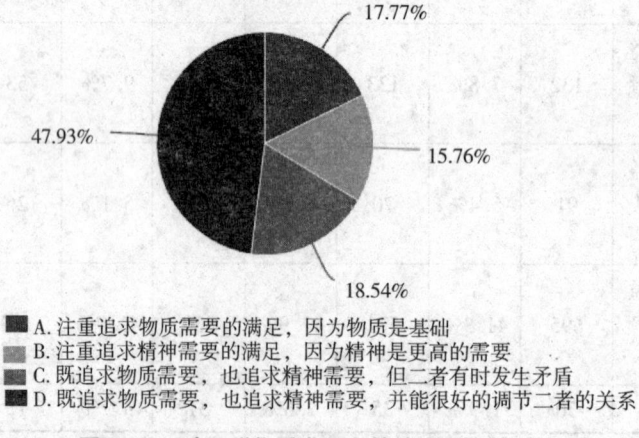

图3-25 对于"物质满足和精神追求"的看法

对于"对企业捐助社会,支持公益事业的态度"(如图3-26),认为"应该积极捐赠"的比例达到76.45%,这说明绝大部分大学生的具有较强的社会责任感。但是从调研来看,剩余23.55%的大学生选择了"等钱多了再考虑捐赠"(17.03%)、"没必要捐赠"(4.46%)、"无所谓"(2.06%)。

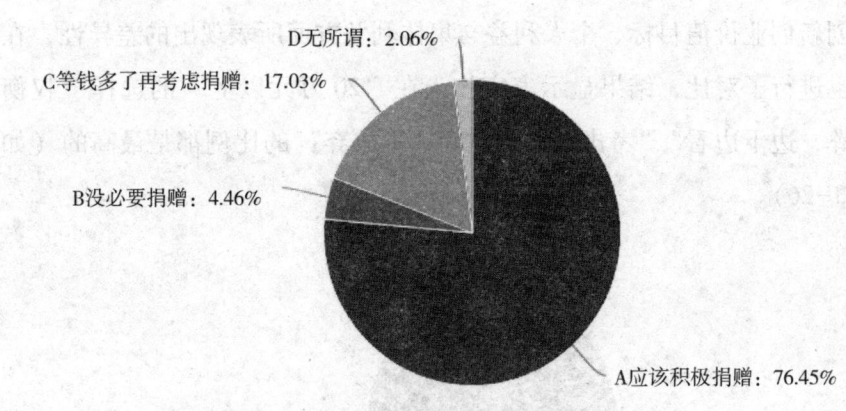

图3-26 对企业捐助社会,支持公益事业的态度

在"企业履行社会责任的首要动因"(如图3-27)的调查上,排在前三位的分别是为"社会发展做贡献"(74.53%)、"提升企业品牌形象"(68.77%)和"建立持续竞争优势"(40.09%)

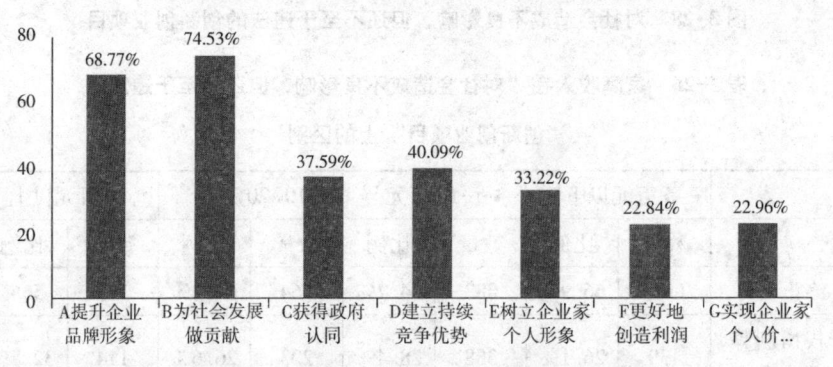

图3-27 企业履行社会责任的首要动因(多选)

通过"对社会造成不良影响,但还不至于违法的创新创业项目"

(如图3-28)的调查,我们高兴地看到有65.37%的大学生选择了"终止项目",但是也很遗憾地看到,有27.5%的大学生选择"权衡利弊,边干边看",在利益面前,这些大学生并没有考虑到自己肩上的社会责任。此外,还有7.13%的大学生选择了"考虑有盈利空间,不放弃",这也充分证明了当代大学生对于物质利益的过度追求。考虑到家庭收入在创新创业价值目标、个人利益与集体利益方面所表现出的差异性,在此也进行了对比,结果显示家庭收入在"20万元以上"的选择"权衡利弊,边干边看""考虑有盈利空间,不放弃"的比例都是最高的(如表3-26)。

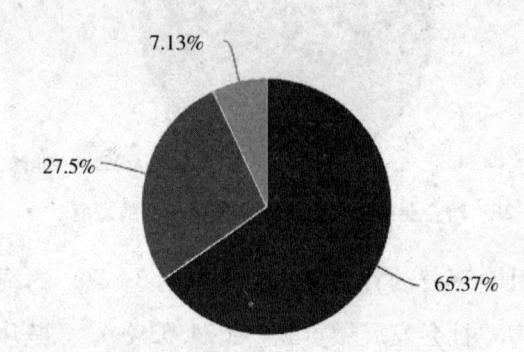

■A终止项目 ■B权衡利弊,边干边看 ■C考虑有盈利空间,不放弃

图3-28 对社会造成不良影响,但还不至于违法的创新创业项目

表3-26 家庭收入在"对社会造成不良影响,但还不至于违法的创新创业项目"上的区别

	5万元以下		5-10万元		10-20万元		20万元以上	
	数量	比例	数量	比例	数量	比例	数量	比例
A终止项目	1125	66.9%	883	64.7%	564	67.2%	195	56%
B权衡利弊,边干边看	439	26.1%	388	28.4%	223	26.6%	114	32.8%
C考虑有盈利空间,不放弃	118	7%	93	6.8%	52	6.2%	39	11.2%

在"如果有人对您的创新创业项目进行投资,但要传播不良或违法信息"的调查上(如图3-29),82.99%的大学生选择"坚决不与其合作",但是,也有17.01%的大学生选择了"为了生存,可以先合作一段",占比不是很低。在此,也分析了家庭收入在这一项上面的差别(如表3-27),结果出现了和上面相似的情况。

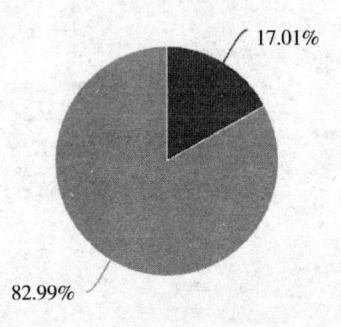

图3-29 如果有人对您的创新创业项目进行投资,但要传播不良或违法信息

表3-27 家庭收入在"如果有人对您的创新创业项目进行投资,但要传播不良或违法信息"方面的差别

	5万元以下		5-10万元		10-20万元		20万元以上	
	数量	比例	数量	比例	数量	比例	数量	比例
A 为了生存,可以先合作一段	313	18.6%	196	14.4%	127	15.1%	84	24.1%
B 坚决不与其合作	1369	81.4%	1168	85.6%	712	84.9%	264	75.9%

本调查还设置了一项主观题,"请您用一个词或一句话概括大学生创新创业价值观"(如图3-30,部分答案节选),在这个题目上,4233个调查对象中,仅有244人作答此题,人数少的原因,有可能鉴于主观

题，学生不愿意去多想多写字，也有可能是对该题目思考不深，不知道该怎样回答表述。从分析 244 人所做的回答中，我们可以看出第二种原因的可能性更大，因为大学生对创新创业价值观的表达很模糊，认知程度不一，但总体不深刻不全面，甚至还有错误思想。我们能看到学生对于创新创业态度积极的一面，比如：“坚持；奋斗；创新；年轻

34.请您用一个词或一句话概括大学生创新创业价值观

☑过滤空选项 搜索答案文本 获取关键字

导出到Excel 无法下载或者下载出现乱码?

序号	提交答卷时间	答案文本	查看答卷
83	10月22日 16:16	实事求是，遵纪守法，敢为人先	查看答卷
84	10月22日 16:16	做自己想做的事 不后悔 不负青春不负卿♥	查看答卷
86	10月22日 16:16	警世	查看答卷
88	10月22日 16:16	前途无量	查看答卷
90	10月22日 16:16	价值	查看答卷
91	10月22日 16:16	有想法但付诸行动的很少	查看答卷
92	10月22日 16:16	有原则 有决心	查看答卷
93	10月22日 16:17	就是干	查看答卷
94	10月22日 16:17	创新	查看答卷
95	10月22日 16:17	不忘初心 摸索中求提升	查看答卷

第一页 上一页 正在浏览第5/244页 总共2436条记录 下一页 最后一页 每页显示 10 条记录

关闭窗口

34.请您用一个词或一句话概括大学生创新创业价值观

☑过滤空选项 搜索答案文本 获取关键字

导出到Excel 无法下载或者下载出现乱码?

序号	提交答卷时间	答案文本	查看答卷
142	10月22日 16:24	理想与利益的的最大化	查看答卷
143	10月22日 16:24	不忘初心，方得始终	查看答卷
144	10月22日 16:24	实现梦想与价值，改变家境与人生，回报祖国和社会	查看答卷
146	10月22日 16:24	舒服	查看答卷
148	10月22日 16:25	担当	查看答卷
149	10月22日 16:25	符合社会主义核心价值观	查看答卷
150	10月22日 16:25	公正法治	查看答卷
151	10月22日 16:25	不忘初心，砥砺前行。	查看答卷
152	10月22日 16:25	果敢 奋斗	查看答卷
153	10月22日 16:25	在法律允许的范围内发挥自己的才能	查看答卷

第一页 上一页 正在浏览第9/244页 总共2436条记录 下一页 最后一页 每页显示 10 条记录

关闭窗口

924	10月22日 18:51	责任	查看答卷
928	10月22日 18:51	创新即是命运	查看答卷
929	10月22日 18:52	生活不能困在笼子里，人生需要敢于尝试	查看答卷
931	10月22日 18:52	有待提高	查看答卷
934	10月22日 18:52	坚持奋斗！绝不放弃！	查看答卷
936	10月22日 18:52	加油	查看答卷
938	10月22日 18:53	很多为了为了创新创业学分	查看答卷
939	10月22日 18:53	实现人生价值	查看答卷
940	10月22日 18:53	可以开阔眼界	查看答卷
941	10月22日 18:54	社会责任	查看答卷
942	10月22日 18:54	努力创业	查看答卷
944	10月22日 18:54	遵纪守法，正直善良	查看答卷
945	10月22日 18:54	坚定扎实，充满激情。	查看答卷
946	10月22日 18:54	追求更好的自己	查看答卷
949	10月22日 18:54	尝试	查看答卷
950	10月22日 18:54	脚踏实地大胆前行	查看答卷
952	10月22日 18:55	创新是国家发展之本	查看答卷
954	10月22日 18:55	拼搏	查看答卷
955	10月22日 18:55	知道自己想要做什么，全力以赴的追求自己的梦想。	查看答卷
956	10月22日 18:55	责任	查看答卷
957	10月22日 18:56	道阻且艰	查看答卷

1045	10月22日 19:05	勇于实践	查看答卷
1057	10月22日 19:06	创新，挑战自我，不断发展	查看答卷
1058	10月22日 19:06	创新共赢	查看答卷
1059	10月22日 19:06	奋斗	查看答卷
1062	10月22日 19:06	好	查看答卷
1072	10月22日 19:07	优秀	查看答卷
1076	10月22日 19:07	努力加创新	查看答卷
1077	10月22日 19:07	创新踏实实践	查看答卷
1080	10月22日 19:08	实现自身价值	查看答卷
1082	10月22日 19:08	钱	查看答卷
1083	10月22日 19:08	又红又专	查看答卷
1084	10月22日 19:08	大胆	查看答卷
1086	10月22日 19:09	加油	查看答卷
1087	10月22日 19:09	Money	查看答卷
1093	10月22日 19:10	坚持	查看答卷
1094	10月22日 19:10	喜欢	查看答卷
1095	10月22日 19:10	多方兼顾	查看答卷
1097	10月22日 19:10	创新	查看答卷
1098	10月22日 19:10	不忘初心，方得始终	查看答卷
1100	10月22日 19:10	不敢尝试	查看答卷

图 3-30　请您用一个词或一句话概括大学生创新创业价值观

就是要闯一闯；实事求是、遵纪守法、敢为人先；追求卓越；奉献社会实现价值；实现梦想与价值、改变家境与人生、回报祖国利社会；脚踏实地、踏实肯干、以道德为标尺、以服务社会为前提、以创造价值为目标"等。但是，我们也能看到消极甚至错误的一面，比如："有心无力；谋利为生活、挑战拼自己；不懂；不切实际；不明确；有能力的就上、没能力的别碰；理想与利益的最大化；胆大心细抓机遇、物质重要再精神；幼稚；Money"等。

三、调查结果

（一）创新创业价值目标多样现实

1. 创新创业价值目标多样现实

大学生创新创业价值目标呈现多元化，对于题目"您的创新创业价值目标是"五个选项，利益实惠、名誉地位、社会利他、自我发展、精神追求均有选择，表明大学生对创新创业价值目标具有不同的态度，呈现创新创业价值多元取向。同时，对于"创新创业的含义""大学生创新创业的认知""大学生创新创业的原因"都表现出多样性的认知，"大学生创新创业的原因"一题能够反映大学生创新创业的动机，在该题目上，"展现个人才能""符合个人兴趣爱好""发展前景更好"是被大学生认同的前三位的选择。

2. 凸显功利性

大学生创新创业价值目标凸显功利性。通过"您的创新创业价值目标"的调查发现，自我发展（43.94%）、利益实惠（31.09%）、社会利他（13.49%）排在前三位，其余的分别为精神追求（7.61%）、名誉地位（3.87%）。在评价性调查"创业就是创富"，表示"赞同"和

"非常赞同"的比例达到44.94%，表示"不确定"的为30.47%，这表明，有近一半的学生对于创新创业更多的期待是挣钱、创富，30.47%"不确定"也是一种犹豫、不明朗，尽管创业内在地具有"创富"的功利目的，但是"创富"并不是创新创业的唯一目的。我们不反对大学生在创新创业中"创富"，毕竟只有奠定了物质基础，大学生才能实现更全面的发展。但是，我们反对大学生将"创富"作为个体创新创业的唯一目标、终极目标，而忽略了创新创业精神、创业意识的培养，忽略了个体在创新创业中的社会责任，忽略了个体在创新创业中的全面发展。对于大学生创新创业目标功利化、注重利益的倾向，需要通过教育来扭转。

3. 表现自我性

大学生创新创业价值目标表现自我性。对于"大学生创新创业的原因"一题，排第一位的选择是"展现个人才能"（67.33%）。对于"大学生创新创业第一认知"一题，排第一位的选择是"挑战自我的方式"（39.17%）。对于"您的创新创业价值目标"一题，排第一位的选择是"自我发展"（43.94%）。我们很容易发现，排第一位的选择都是基于"我"——大学生本身。这充分反映了当前大学生创新创业价值观上以自我为中心的"自我中心主义价值目标"。

大学生创新创业价值目标应该是指向个人和社会的全面发展。这种全面发展，不但能使个人的发展趋向于成为一个真正的人，而且为社会的发展作出更多的贡献，使个人价值构成中的社会价值与自我价值达到统一。但是，调研表明，大学生创新创业价值目标所表现出的多元化、功利性、自我性，并不能指向个人和社会的全面发展，这种以自我利益为中心的创新创业价值目标，要么使大学生在创新创业中只限于自我的孤芳自赏，感官享受，不能给他人、给社会带来利好；要么就是不择手段发展自己，损害他人、社会利益。大学生创新创业价值目标是大学生开展创新创业活动的重要动力，决定了大学生创新创业活动的全过程，也决定了大学生创新创业活动的方式和方法，并且将影响其创新创业活动的结果，帮助大学生树立正确的创新创业价值目标重要且必要，这也是本研究的出发点之一。

（二）创新创业价值评价客观务实

1. 创新创业价值评价客观务实

一是能够认识到创新创业的重要性。在影响创新创业成功的客观因素方面，"社会阅历""市场环境""人脉关系"排在前三位。在影响创新创业成功的主观因素方面，"创新精神""市场意识"排在前两位，排在第三位、第四位的比例仅仅相差0.12%，分别为创业理想（40.14%）和责任感（40.02%）。这说明大学生对影响创新创业成功的主客观因素有一定的认知。同时，对于"枪打出头鸟"的否定（否定"枪打出头鸟"，就是不惧怕敢为人先，勇于突破常规）和对"创新是一个国家兴旺发达的不竭动力""创业必须体现创新性"的高赞同，这几个调研题目的选择一致性，充分表明了大学生已经意识到创新的重要性。

二是能够正确面对挫折。在"失败是成功之母，不可避免"（基本赞同32.7%，非常赞同51.15%）、"胜者王侯败者寇"（基本赞同23.55%，非常赞同19.82%）两项上，大学生表现出高赞同，这表明大学生能够正确面对挫折，创新创业过程中存在诸多不确定性因素，失败也不可避免，能正视失败，这是创新创业过程中必备的重要素质之一。

三是已经认识到创新创业的价值。特别是在促进经济发展和弘扬创新精神、创新意识方面，大学生给予了高度认可，并且82.28%的大学生认为高校和社会需要加强创新创业文化建设，表现出对创新创业文化的渴求。超半数大学生有创新创业意向。大学生主观上超半数人愿意去创新创业,而导致没有创新创业意向的主要原因是"风险大",激发大学生创新创业想法的主要客观因素为"学校创业教育影响""社会实践启发""接触商业、企业活动影响""传媒影响""家庭影响",主观因素是"个人创业理想"。这也为本研究第四章分析大学生创新创业价值观生成的影响因素奠定了基础。

四是总体对创新创业教育持不满意态度。大学生对本校的创新创业教育总体不满意,认为"创新创业实践""创业课程""创业教育师资"这三项最需要加强,此外,学生认为高校的"创业氛围"不浓,究其原因,学生选择排前三位的分布是"大学生缺乏创新创业观念""创新创业教育课程体系建设有待加强""相关创新创业实践活动少",并且69.57%的学生"没参加过社会或学校开展的创新创业活动",对于"国家关于大学生创新创业的相关政策和措施"也不大了解。通过该部分调研,我们可以得知,大学生对创新创业教育总体不满意,造成不满意的原因,既有主观原因,就是大学生自身缺乏创新创业观念,也有客观原因,即高校创新创业教育中的创新创业实践、创新创业课程、创新创业师资有待加强。同时,大学生也最期待得到"资金扶持政策""培训指导服务""放宽市场准入条件"方面的支持。

2. 呈现物质性、利己性

一是以物质利益和自我发展为标准。对于什么样的创新创业是成功的,"企业规模和利润的最大化"(38.13%)、"自我发展"(23.88%)、"社会责任"(19.37)排在前三位,这说明大学生还是将利益和自我放在了首先考虑的位次上,这与大学生在创新创业目标上注重"创业就是创富、利益实惠"相一致。

二是过度关注自我,呈现利己性、享乐主义。大学生高度赞同"青春是用来奋斗的"（基本赞同 23.72%、非常赞同 68.25%），说明大学生愿意为了发展而努力拼搏、奋斗，但是，在涉及"人生的价值体现"时，除了 47.41%的学生选择了兼顾社会他们和家庭自我外，31.9%的大学生选择为家庭、为自己（19.21%选择"为家庭、为自己争取优越的生活"，11.69%选择"挑战自我，不断发展"），这说明大学生的奋斗都是在为自己、为家人奋斗。对于"人生在世就要及时行乐"的赞同达 50.2%，还有 19.56%的学生表示"不确定"，在"是否及时行乐"的问题上存在犹豫，这两个数据说明当前大学生中享乐思想倾向严重。

一个主体只有客观地全面了解自己的现实社会存在、客观需要、切身利益和真实能力等，使主体自身的主观与客观统一起来，才能确立起自己客观、可靠的价值评价标准。通过对大学生创新创业价值评价的分析，从大学生的视角，我们可以很清晰地看到大学生对创新创业所持的认同、肯定态度，对加强创新创业教育的期待。但是我们也看到了令人担忧的一面，如果大学生乐于创新创业的初衷是基于为自己、为家人，那么，大学生的创新创业行为势必会给大学生本身、给社会带来负面影响。"任何主体只有坚定地站在人民的立场上，把推动社会进步发展和维护人民的根本利益作为价值追求和价值标准，不断地自我发展和自我超越，才能够使自己的价值评价及其标准更加趋向科学化与合理化。"[1] 大学生的创新创业也只有站在人民的立场上，在实现个人利益和集体利益的统一中，实现人生理想，才能担负起社会主义建设者和接班人的重任。

（三）创新创业价值选择义利明确

大学生创新创业价值选择尤其在义利观上，总体向好，但具有矛盾性。从前面的分析中，可以看到大学生创新创业价值目标的功利性、自

---

[1] 罗国杰. 马克思主义价值观研究 [M]. 北京：人民出版社，2013：145.

我性，创新创业成功与否的评价标准也是放在了利益和自我发展上，在"人生的价值体现"上，31.9%的大学生选择为家庭、为自己。但是在"创新创业中，当个人利益和集体利益发生冲突时"（如图2-24），41.63%的大学生选择了"个人利益服从集体利益"，40.94%的学生选择了"集体利益为主，兼顾个人利益"，也就是说82.58%的大学生选择了集体利益高于个人利益。76.45%的大学生表示支持企业捐赠，表现出了较强的社会责任感。但涉及"对社会造成不良影响，但还不至于违法的创新创业项目"，虽然65.37%的大学生选择终止，但比例已明显下降。在义利面前，大学生首选义，这是我们乐于看到的。但是，这种选择与前述创新创业价值目标、创新创业价值评价中的结论存在前后矛盾，这在某种程度上反映了大学生创新创业"知"与"行"的背离。当然，我们乐于看到大学生在创新创业价值选择上转向好的、主流价值方向，但是，这种矛盾性还是需要引起重视。

在第一章论述大学生创新创业价值观的特点的时候，指出大学生创新创业价值观既存在个体的差异性，也存在个体的流变性；既存在区域性，也存在国际性。本文调研的大学生主要集中在山东地区，因此，调研结果可能会存在一定的区域性差异。

四、调查结果归因

一个人价值观的形成受很多外部因素影响，与他所处的时代环境密不可分，创新创业价值观也不例外。调研所显示的，部分大学生将创新创业的目标定位于"创富"，而且更多的是为了自己和家人。在用一个或几个词来对创新创业价值观做以概况时，有的学生写道"先物质再精神"，还有的学生很直白地填上"Money"，这些错误思想的产生与当前人们处在大发展大变革大调整时期密切相关，这种大发展大变革大调整给社会既带来了某些外在变化,也产生了一些深层次的内部变革,不仅改变着大学生的价值观念、思维方式、生活方式等,也影响着他们的创新创业价值判断和选择。

(一) 经济全球化催生大学生在创新创业中追求利益至上

作为一种不以人们主观意志为转移的客观历史发展潮流,全球化成为我们这个时代最重要的特征之一,使当代人类社会生活在全世界范围内趋向一体化。2001年11月10日,当卡塔尔多哈会议宣布中国成为世界贸易组织正式成员国之一的那一刻,我们就已置身于全球化的大潮中。经济全球化既深刻影响着我国的政治、经济、文化等许多方面,又深刻影响着人们的思维方式和生活方式。

提及"经济全球化",经常用"双刃剑"来形容它所具有的积极影响和消极影响。在积极影响方面,经济全球化跨越国家、地区边界,大大促进了商品、资本、技术、信息等生成要素的流动,推动了全球经济繁荣和财富增长,世界各国之间越来越成为一个相互依赖的共同体。然而在消极方面,全球化的兴起由西方发达国家引导和推动。经济全球化在促进经济发展的同时,也为发展中国家带来了挑战。一方面,资本的逐利性、贪婪性时刻追逐着"利益最大化",使人们在发展经济的过程中,趋向于物质利益最大化,形成利益至上的价值观念和行为追求。另一方面,正如西方学者伯努瓦所说:"资本主义卖的不再仅仅是商品和货物,它还卖标志、声音、图像、软件和联系。这不仅仅将房间塞满,而且还统治着想象领域,占据着交流空间。"[1] 西方发达国家借助经济全球化,有意识地进行西方价值观念的输出,尤其是对我们社会主义国

---

[1] 曹立中,谢守成. 经济全球化视阈下大学生马克思主义意识形态教育初探 [J]. 学校党建与思想教育,2011 (4): 56-57.

家进行所谓的"普世价值"的渗透，以其标榜的"自由、平等、民主、人权"，通过混淆概念、模糊判断标准等方式制造思想混乱，企图促使我们淡化"意识形态"，特别是促使青年大学生淡化马克思主义信仰。当前，随着我国改革开放的不断深入、国家综合国力的不断提升、融入全球化的进程不断深入，西方敌对势力对我国的分化日益加紧，以涉华舆情的方式，揭露所谓的"问题"，极力夸大我们在改革开放过程中出现的一些社会问题，如贫富差距、环境污染等，试图以这种表象来误导大学生，让大学生误认为我们社会主义国家落后、资本主义发达，社会主义不讲求公平、法治、民主，资本主义才讲求公平、法治、民主，向大学生鼓吹个人至上、利益至上，企图以个人主义、功利主义替代社会主义的集体主义、人民利益，导致大学生缺乏关注政治的热情，社会主义集体主义观念淡漠，取而代之的是个人利益、物质至上。这对大学生的创新创业价值观也有一定影响，当前大学生创新创业价值目标趋向功利性、自我性就是最直接的表现。这种以自我利益为中心的创新创业价值目标，不是新时代大学生创新创业价值观所倡导的价值目标，必然会对大学生的创新创业行为产生不良影响，需要进一步加强引导，帮助大学生正确认识创新创业的价值，坚守正确的创新创业价值立场。

（二）网络信息化诱发大学生在创新创业中的不良价值取向和行为

当今世界，以信息技术为代表的新一轮科技革命蓄势待发，信息技术飞速发展，信息化的大潮扑面而来，以其数字化、网络化、智能化特征侵入到人们生活的方方面面，正在深刻改变着人们的生产生活方式。当代大学生伴随网络的发展而成长，在享受信息化所带来的便利的同时，大学生的思想、行为也受到了网络的深刻影响，在创新创业中也容易滋生"创新创业就是创富、就是为了更好的个人享受"以及在创新创业活动中不讲诚信、不讲信用等不良思想和行为。

网络诱发不良价值取向。网络和智能手机的融合发展使如今的人们已经无法置身于网络之外而生活，网络甚至成为许多人生活的必须条件。然而，网络也成为西方发达国家用以对我国实施西化、分化的工具。有人说："进入交互网络，从某种意义上，就是进入了美国文化的万花筒。"[1] 美国前总统克林顿曾宣称："今后的时代，控制世界的力量将不是军事力量，而是信息力量。"当前，西方敌对势力依旧通过网络大肆鼓吹资本主义制度所谓民主、自由、平等、人权等的优越性，宣扬个人主义、拜金主义、物质至上，通过对我国社会转型期中的一些民生热点、环境污染等问题抨击我国政治制度，随意剪裁、夸大其词，误导人们否定社会主义制度、否定中国传统文化。美国传播学者桑德拉·波·罗基奇和社会学家密尔顿·罗基奇夫妇有关传媒内容对人们价值观念的影响的研究发现，"5%的实证检验显示传媒接触导致价值观的变化"[2]。如果大学生对西方媒体宣传的内容缺乏辨别力，就很容易受到西方价值观观念的负面影响。有调查显示，"网络成为消极人生观影响大学生的重要渠道，每天上网时间每增加两个小时，大学生受消极人生观影响、认同消极观点的得分就会增加11.7%"[3]。这就很容易理解，一些大学生为什么会沉迷于"网红直播"，有的甚至为此一掷千金，有的甚至期待自己成为"网红主播"，整日幻想一夜暴富、不劳而获了。在这种负面价值观影响下，大学生创新创业也容易出现单纯创富的功利性价值取向，将急功近利的物质追求作为创新创业的唯一目标，遮蔽了

---

[1] 石中英，王卫东. 价值观教育 [M]. 北京：教育科学出版社. 2007：30.
[2] 王雯姝，闫雨. 西方涉华舆情对青少年价值观的影响机制分析 [J]. 思想教育研究，2016 (3)：77-81.
[3] 董祥宾. 当代大学生人生观基本状况调查分析 [J]. 思想理论研究，2018 (2)：90-94.

创新创业的本真意义。

　　网络诱发畸形消费心理。当互联网技术和商店相结合催生了网络购物后，网络购物成为人们热捧、甚至是主要的消费形式，也备受大学生青睐和推崇。但网购在给大学生带来便利的同时，也使大学生滋生了过度消费、网购成瘾问题，甚至是为了满足消费而陷入网络借贷的泥淖，当高额的利息呈几何倍数增长导致大学生无力还款时，这些不法分子又采取各种恐吓报复、威逼利诱等非法手段追讨所谓"欠款"，引发了一系列恶性事件，有的大学生甚至为此付出了生命的代价。网络助长了大学生的包括超前消费、借钱消费、冲动消费等非理性消费的消费主义，"遵循享乐主义，追逐眼前的快感，培养自我表现的生活方式，发展自恋和自私的人格类型，这一切，都是消费文化所强调的内容"①，这种消费主义使人沉迷所谓的物质带来的快乐之中，悄然改变着大学生的创新创业价值观念，享乐、金钱、纵欲、奢侈成为个人创新创业的理想追求，为满足自己和家人享乐的"利己主义"使创新创业成为一种最低层次的物化生存，而不是自我全面发展。

　　微商引发不好的创业初体验。微商是利用互联网社交网络平台进行商业运营的模式，如今越来越多的人加入微商，但是能坚持半年以上的比例不到4%。在诱人的宣传下，这种商业模式也进入校园，在大学生中流行起来，不少大学生通过微商开始了创业初体验。微商是种熟人经济，是在互联网基础上的分销，大学生因所谓的人脉少，又不懂创业知识和法律法规，进了货却卖不出去，本来梦想能通过微商赚大钱，但很多因卖不出导致收入并不理想，有的因订货却没有收到货或者收到的是假货而上当受骗。这种失败的创业初体验给大学生带来创业的负面感

---

① ［英］迈克·费瑟斯通. 消费文化与后现代主义［M］. 刘精明，译. 南京：译林出版社，2000：165.

受，不利于大学生创业意识的培养。另外，微商朋友圈所发的、鼓吹订单多的交易对话、转账记录、效果展示等信息，都能够通过软件进行造假，这也会让大学生产生造假可以带来利益却不需要成本的错觉，导致其不讲诚信、不讲信用等不良行为的产生，这些不良行为会严重阻碍大学生在市场环境中开展创新创业活动。

（三）多元文化消解大学生在创新创业中的理想信念追求

文化的多样性主要是指人类文化在其表现形式上的丰富多样。改革开放以来，尤其是伴随经济全球化进程的加速，我国出现了社会主义先进文化为主导的多样化文化相互影响、相互激荡的基本文化格局。多样化文化的交流、激荡对大学生也产生了重要影响。

西方社会思潮对大学生产生不良影响。当前，西方敌对势力依然不遗余力地对我国进行分化、西化活动，主要通过宣扬新自由主义、民主社会主义、"普世价值"等美化其"自由""平等""民主""个人主义"等资本主义价值观，其形式也复杂多样，具有蒙蔽性，这对于分辨力还不强的大学生产生了不良影响。比如，新自由主义鼓吹个人自由至上，使不少大学生认为应该将个人利益置于集体利益至上，缺乏社会责任感；新自由主义鼓吹私有化，影响了大学生对社会主义集体主义、共同富裕的理解认识。再如"普世价值"，根本不具备其美化的普适性，只不过是"西方对付非西方社会的意识形态"[①]。大学生创新创业必须要坚持社会主义价值立场，坚守集体主义价值观，在创新创业中体现个人理想与集体利益的统一，否则，再精彩的创新创业结果也是昙花一现。

---

① ［美］塞缪尔·亨廷顿. 文明的冲突与世界秩序的重建［M］. 周琪，等译. 北京：新华出版社，1998：55.

社会不良文化对大学生产生不良影响。改革开放四十年多来，伴随经济的发展，在文化领域中出现了新思想、新风尚、新流派，文化景观丰富包容、文化创造丰富多彩。但是相伴而生的，也有一些负面的、不良的、违背社会主流价值观的失范，如"奢靡化、物质化、去智化、粗鄙化、虚无化、空心化、娱乐化、泡沫化"①，这些精神污染的危害非常可怕，甚至祸国殃民。正如八十年代邓小平所说，社会精神污染"在人民中混淆是非界限，造成消极涣散、离心离德的情绪，腐蚀人们的灵魂和意志，助长形形色色的个人主义思想泛滥，助长一部分人怀疑以至否定社会主义和党的领导的思潮"②。而这些精神污染也对大学生造成了不同程度的影响。一些大学生将大学作为人生的终点，不思进取，过着"天天打游戏、天天睡大觉、天天谈恋爱"的"醉生梦死"的日子。追求物质享受，比名牌、比消费、比享受，却不比艰苦奋斗。即使去参加学校组织竞赛、实践活动，也以有助于评奖评优为目的，表现出明显的急功近利、工具主义思维。在这些不良文化的影响下，部分大学生以唯利、唯乐为生活准则，放纵感官享受，缺乏思想和深度，拒绝理性和思考，淡漠理想和信念，表现出理想主义价值的失落、实用主义与功利主义的泛化。

（四）市场经济影响大学生创新创业价值判断和选择

伴随改革开放的深化和发展，社会主义市场经济使我国的社会生产力摆脱了计划经济的束缚，迸发出前所未有的活力，促进了社会的全方位发展。与此同时，市场经济也深刻地影响到人们的思想观念、价值取向和行为选择，作为社会成员的大学生也同样被包裹其中。

---

① 斯文. 价值迷失阻碍道德崛起 [N]. 人民日报, 2013-11-28（24）.
② 邓小平文选（第三卷）[M]. 北京: 人民出版社, 1993: 44.

市场经济对大学生价值取向产生的积极影响。一是激发大学生了创新、竞争意识。相较于计划经济，市场经济的运行以商品的流通为前提，其核心是竞争。商品要满足客户需求就必须积极创新、解放思想，要占有市场，就必须去竞争。竞争机制扭转了计划经济下"干多干少一个样"的低效能，释放了人的主动性、积极性、创造性，从根本上激发了人们的竞争意识。可以说，竞争已成为今天人们认同的文化价值观念，一句经常被人们挂在嘴边的"不能让孩子输在起跑线上"，充分体现了当今社会的竞争意识和氛围。而大学生所表现出来的拼搏、进取状态也一定程度上是受社会竞争环境的影响。二是激发大了学生民主、平等意识。市场经济虽然讲求竞争，但是也表现为自主经济、契约经济。一切市场交易关系都是契约关系，都建立在双方作为独立经济体拥有平等权利的基础上。市场经济的这种平等交易体现在人与人之间的关系上就是人人平等，而体现在政治生活中，则就是对民主的诉求。三是激发了大学生的独立意识。市场经济要求人们必须去竞争才能生存，促使人们不再有依赖心理，激发了个体意识的萌发，带动了人们对自我价值的追求。这也更新了大学生的价值观念，使他们深刻认识自我，追求自我价值实现，增强自立意识、自立能力。

市场经济对大学生价值取向产生的消极影响。一是助长了大学生的功利思想。市场经济强调物质利益，追求最大的利润，由此带来的拜金主义、个人利己主义、享乐主义，对人的价值观念产生了强烈冲击。"一时间占有财富的多少或以财富为内涵的生活方式成了衡量个人价值、身份地位与能力最重要甚至是唯一的标准。"① 在这种经济利益最大化的驱动下，"一切向'钱'看""金钱万能"成为一些人的人生坐

---

① 转引自张祖华. 现代性困境与后现代道德重构 [J]. 中央社会主义学院学报，2012 (5)：75-79.

标、衡量人生价值的标准，也极大地影响了大学生的价值取向。有调查显示，"49.1%的'90后'青年大学生追求物质丰富、舒适安逸的生活，把精神生活放在首位的仅有2.6%"①。追求享受、期待不劳而获，找工作追求高薪稳定清闲，参加课外活动追求有用有利，成为不少大学生的价值追求的常态标准。有人说"物欲主义正以一种前所未有的压倒性优势逐渐主宰当代青年的日常生活"②。2014年11月25日，一篇题目为《盲目追奢是一种病》的文章刊登于人民日报上，指出盲目追奢的本质"是内心缺乏恒定的价值观支撑，是对个人奋斗、理想抱负放弃"③，本应超越物质追求，胸怀理想抱负的大学生日渐成为物质的俘虏。二是助长了大学生的个人本位。市场经济的竞争性激发了个人主体性和能动性，但同时也使竞争中谋取自身利益的"为我性"凸显，产生个人本位、利己主义，导致个人和集体关系的错位。2012年北京大学钱理群教授提出，我们的一些大学正在培养一些"精致利己主义者"，所谓"精致"就是高智商、做事周到、无可挑剔、善于配合，但"精致"的目的是在个人精心设计下，获取一己私利。"相比政治，我更关心与我切身利益有关的事情"④，在个人本位的驱使下，部分大学生政治意识淡化、求利欲望强化、人际关系"物化"，集体主义价值观权威在大学生中趋向沦落。

市场经济的两面性使市场经济对大学生创新创业价值观的形成既具有积极作用，也有不良影响。市场经济倡导的追求个人正当利益、开拓

---

① 胡慧. 躁动的功利："90后"大学生物质主义价值倾向调查研究[J]. 当代教育论坛, 2014 (4): 83-89.
② 彭红艳, 万美容. 当代青年价值取向物质化现象的成因及效应[J] 中国青年研究, 2017 (4): 74-79.
③ 潘跃. 盲目追"奢"是一种病[N]. 人民日报, 2014-11-25 (19).
④ 宗爱东. 关于哲学社会科学青年知识分子价值观现状的几点思考[J]. 毛泽东邓小平理论研究, 2015 (9): 50-56, 92.

创新、平等竞争等观念能够激发大学生在创新创业中的创新精神、竞争意识、进取意识。但是市场经济趋利性本质所滋生的一些不良思想，如拜金主义、享乐主义、利己主义，对大学生也产生了一些不利的影响。在大学生创新创业价值观教育中，要注重发扬市场经济对大学生的积极影响，尽力削弱不良影响，促进大学生形成正确的创新创业价值观。

（五）创新创业教育和学生互动学习方面存在问题

人是教育的产物。调研显示，大学生认为，自己的创新创业意向首先来源于学校的创新创业教育，但是大学生对高校目前的创新创业教育现状并不满意。我国的创新创业教育自20世纪90年代以来，虽然历经了二十多年的发展，取得了长足进步，但相较于国外创业教育的发达水平，依旧处于探索阶段，出现了"重知识、轻价值"的功利性倾向，势必对大学生创新创业价值观产生不良影响。具体表现为：

首先，重创新创业教育工具理性，轻创新创业教育价值理性。对创新创业教育本质的理解，关系到创新创业教育的可持续发展。尽管创新创业教育的经济价值已经得到证实，但是经济价值不是创新创业教育价值的全部内容，创新创业教育本来是指向开拓性素质人才培养、指向人的全面发展、为创新一代设定"创业遗传代码"的教育，但现实中，却成"就业的'救命草'、挣钱的'孵化器'、学生价值的'鉴别仪'"的代名词[①]，忽视创新创业教育价值理性，使得创富取向和标准充斥于创新创业教育的各个环节，授课内容、典型选树、成功案例无不彰显着创富的价值，似乎只有获取财富的多少才能成为衡量创业是否成功的唯一标准。当机械的效率、经济的创富成为创新创业教育的终极价值，无疑与其本来的教育目标大相径庭。创新创业教育与当代教育一

---

① 王焰新. 高校创新创业教育的反思与模式构建 [J]. 中国大学教学，2015（4）：5.

样,"在'何以为生'的教育上取得了巨大的成绩,而放弃了'为何而生'的教育"①。这种重视创新创业教育经济价值的功利化的教育导向必然会使大学生创新创业价值观受到影响,导致大学生将创富视为自身创新创业目标的首选项,大学生本身受限于自身的认知水平,就容易受到创业所具有的内在的"创富"目的影响,认为创业就是要当老板、创富,加之高校创新创业教育的功利性倾向,不但没有帮助大学生对创业的价值取向及时纠偏,反而更加重了大学生对功利性目的的追求,甚至于部分学生参加各类创新创业竞赛是源于评优、保研等功利性目的。

其次,重创新创业事实教育,轻创新创业价值教育。正是对创新创业教育本质认识的偏差,导致在创新创业教育中事实教育与价值教育的分离。创新创业教育的内容应该兼具创新创业事实和创新创业价值,"并在教育过程中使受教育者能够习得价值与事实判断的基本标准和'敏感嗅觉'"②。创新创业所需要的知识体系,比如创新创业技能方法、创新创业基础知识等,是实现创新创业的基础,属于"事实"范畴,创新创业意识、创新创业能力则属于"价值"范畴,仅仅通过对创新创业知识的教育,使学生知道了"创新创业是什么",并不能使学生认识到"创新创业应该是什么",也就是说创新创业价值建设并不能通过创新创业事实教育实现,当大学生获得了满满的创新创业知识,却不一定拥有创新创业意识和能力。当大学生满怀信心地投入创业中,却抵挡不住市场里的"惊涛骇浪",来自实践的失败感便让人产生了创新创业教育是"无用之学"和"不实之教"。

再次,重创新创业精英教育,轻创新创业全校性教育。我国的创新创业教育从起步阶段对其目标定位有了明确要求,就是要培养学生的创

---

① 吴亚林. 价值与教育 [M]. 北京:北京师范大学出版社,2009:9.
② 杨晓慧. 创业教育的价值取向、知识结构与实施策略 [J]. 教育研究,2012,33(9):73-78.

新意识、创新精神和创业能力。2015年国务院出台《意见》①后,对创新创业教育面向全体、融入全过程及培养目标作为更了深入的规定。但是,当前,有的高校依然把创新创业教育的重点集中在少数人参与的所谓的"精英班""实验班"上,并以少数大学生创新创业实践的成功来凸显学校整体的创新创业教育效果,将创新创业教育精英化,严重影响了创新创业教育效果,也产生了不良影响,一方面凸显了创新创业教育的功利化,另一方面也有失教育的公平性,离"面向全体学生开展创新创业教育的要求"相去甚远。创新创业教育不排除对有创业潜质学生进行的有针对性的精英培养,但是精英教育应该是建立在面向全体学生的分层施教基础上。

一方面是由于对创新创业教育本质理解的偏狭,对创新创业教育认识的误区,导致创新创业教育陷入功利主义教育泥淖,而忽略了创新创业教育之于人的创新性培养和全面发展的教育本质,从而导致大学生容易在创新创业中形成更注重为了个体财富积累和生活优渥的价值追求。另一方面,大学生是接受创新创业价值观教育的主体,也是创新创业价值观生成的主体,大学生在接受创新创业价值观教育的过程中,存在主动性不强、创新创业价值观培育诉求不高等问题。

调研显示,对"高校创新创业氛围"如何,选择"不清楚"的学生比例竟然达到19.23%,我们知道,"不清楚"是源于对事物没有整体性概念而无法给予评价,这说明近五分之一的大学生对自己所在学校的创新创业氛围不了解、无认知,同时也可以理解为,该部分大学生并没有主动去了解相关的创新创业信息。此外,69.57%的学生"没参加

---

① 国务院办公厅印发《关于深化高等学校创新创业教育改革的实施意见》[EB/OL]. (2015-5-13) [2020-3-2]. http://www.gov.cn/xinwen/2015-05/13/content_ 2861327.htm.

过社会或学校开展的创新创业活动"、对于"国家关于大学生创新创业的相关政策和措施"的了解程度上,"一般"(48.88%)、"不了解"(29.34%)的占比为78.22%,这说明大学生参加学校开展的创新创业活动的积极性非常不高,对于国家创新创业的相关政策和措施关注度也非常不高。关于"希望到何种性质的单位工作"的调研显示,39.12%的学生选择了到"公司、企业"就业,13.39%的学生选择了"自主创业",但是选择"党政机关"(13.91%)与"事业单位"(27.92%)比例之和达到41.83%,虽然这比52.7%的学生赞同"学而优则仕"的比例低一些,但也说明大学生在择业时还是倾向于选择稳定的就业方向,这也非常不利于创新创业价值观的培育。

主体性是价值的本质属性,也是价值观的主要特征之一。价值观不能离开主体而存在,脱离主体的价值观是没有生命力的,是虚无的。而"主体性的表现主要是自主性、为我性、能动性(含创造性)"①,即便国家和学校采取了积极的创新创业教育政策,大学生所表现出来的这种不积极、不主动也必然会影响其创新创业价值观的生成,因为"任何理性教育,形象的感染,都是外部的客体,都只有通过主体的心理过程才能起到这样或那样的作用,如果没有主体内心的心理过程发生,任何教育都等于零"②。

---

① 王玉樑. 实践性、客观性、主观性与主体性[J]. 人文杂志,1993(1):4-8.
② 王礼湛. 思想政治教育学[M]. 杭州:浙江大学出版社,1999:264.

第四章 大学生创新创业价值观的生成机制

大学生创新创业价值观的生成机制主要研究，大学生创新创业价值观受什么因素影响？又是如何生成的？以及形成发展的模式和动力是什么？只有把这些问题弄清楚，才能为下一步开展有针对性的培育奠定基础。本章主要探讨大学生创新创业价值观生成的影响因素、关键环节和主要机制，从而对大学生创新创业价值观的生成、发展、变化形成规律性认识。

一、大学生创新创业价值观生成的内涵

大学生创新创业价值观生成是大学生创新创业价值观从无到有、从模糊到清晰的演变过程，是大学生主体在社会、学校和家庭等外部因素的教育影响下，通过自觉、理性的审视和反思，在创新创业学习实践基础上，不断打破创新创业旧的知识体系和价值观念，逐步建立有关创新创业新的认知、逻辑、观念的动态变化过程。

一方面，大学生创新创业价值观的生成要不断地通过认知、内化、外化，进行创新创业价值观念的积累，实现创新创业价值观从无到有、从模糊到清晰的演变，体现了认识的曲折、渐进发展。另一方面，大学生创新创业价值观的生成是一个由多种要素构成、受多方面因素影响的

动态过程。这里所讲的生成，既不是完全脱离社会、学校和家庭等外部因素影响而仅依靠大学生先天的力量自然而然的生成，也不是忽视大学生自身的特征和参与仅仅依靠外部因素影响的生成，而是在大学生主体内部因素和外部因素共同作用下的、一种自觉的、能动的生成，从而在创新创业学习实践基础上，在大学生主体和外部因素的作用下，促使大学生不断打破创新创业旧的知识体系和价值观念，建立新的认知、逻辑、观念。

二、大学生创新创业价值观生成的影响因素

"从形成机制上来说，个体价值观的形成往往是多种因素作用的结果。"[①] 大学生创新创业价值观的生成也受多种因素影响，是多种因素综合作用的结果。既有积极方面的影响，也有消极方面的影响，积极方面的影响就促进大学生创新创业价值观的生成，消极方面的影响就阻碍大学生创新创业价值观的生成，正如第二章调研归因所分析的，经济全球化、网络信息化、多元文化及市场经济的负面作用、创新创业教育和学生互动学习方面存在的问题不同程度地造成了大学生在创新创业上将"创富"作为唯一目标或者终极目标，以及创新创业更多地是为了自己和家人，凸显功利性、利己性、享乐主义。为深刻地了解大学生创新创业价值观的生成，就要全面地分析其影响因素。"任何一种价值观的产生和发展，都脱离不开所处的时代及其客观的社会存在。"[②] 本研究试图从宏观因素、微观因素以及大学生主体因素三大部分展开论述，宏观因素包括政治、经济、文化方面因素，微观因素包括高校创新创业教育、家庭创新创业教育。在此，我们构建一个大学生创新创业价值观影

---

① 罗国杰. 马克思主义价值观研究 [M]. 北京：人民出版社，2013：154.
② 罗国杰. 马克思主义价值观研究 [M]. 北京：人民出版社，2013：156.

响因素模型（见图4-1）。

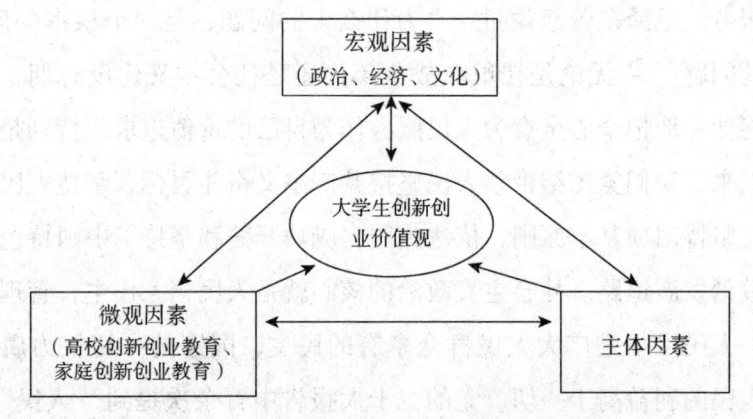

图4-1 大学生创新创业价值观影响因素模型

（一）宏观因素

"人们的观念、观点和概念，一句话，人们的意识，随着人们的生活条件、人们的社会关系、人们的社会存在的改变而改变。"① 人具有社会属性，大学生作为社会中的个体，其创新创业价值观的生成也必然受社会影响。从宏观上而言，社会一般分为政治、经济、文化三个基本领域，本研究也分别从这三个方面探究对大学生创新创业观生成的影响。

1. 政治因素

"全心全意为人民服务的根本宗旨和集体主义原则，是马克思主义价值观中最核心的内容。"② 在马克思主义者眼中，人民群众是历史的主体和社会发展的动力，人民群众创造了历史，在推动着历史前进，因此，全心全意为人民服务，从根本意义上说，就是为人类社会的发展和

---

① 马克思恩格斯文集：第2卷［M］. 北京：人民出版社，2009：50.
② 罗国杰. 马克思主义价值观研究［M］. 北京：人民出版社，2013：158.

进步服务，也就是为全人类的解放服务，为无产阶级的根本利益和最终目标服务。毛泽东曾经说过："为什么人的问题，是一个根本的问题，原则的问题。"① 无论是在革命战争年代还是社会主义建设时期，我们党始终如一地把全心全意为人民服务作为自己的价值追求。特别是改革开放以来，我们党团结带领人民坚持共产主义奋斗目标，坚持人民民主专政，坚持四项基本原则，依法治国，成功开辟和坚持了中国特色社会主义政治发展道路。社会主义政治的核心就是人民当家作主，管理国家事务，人民民主是广大人民群众享有的民主，国家的一切权力属于人民，人民的利益高于一切。党的二十大报告中百余次提到"人民"。报告中出现的"人民至上""以人民为中心""人民立场""人民主体地位"，深刻体现了新时代中国共产党人的人民观。事实证明，中国特色社会主义政治发展道路是"实现社会主义现代化、创造人民美好生活的必由之路"，保证人民当家作主的正确道路。

政治发展道路、政治制度为价值观的生成提供了导向，也为大学生自由而全面的发展提供了坚强的制度保障。立足新时代，大学生的创新创业实践也必须是建立在以人民利益为中心的价值目标上，坚定地站在人民的立场上，在服从爱国爱家、服从大局、集体至上、利他奉献原则基础上，把推动社会进步发展和维护人民的根本利益作为价值追求和价值标准，不断地自我发展、自我超越，才能使自己在创新创业实践中获得发展，使自己的创新创业评价标准更趋科学化、合理化。

2. 经济因素

一定的所有制是一定社会经济制度的基础。我国在公有制为主体的经济基础之下，从当代中国的国情和世界形势的变化出发，中国共产党经过几代领导人对"什么是社会主义""怎样建设社会主义"等问题进

---

① 毛泽东思想编年：1921—1975［M］. 北京：中央文献出版社，2011：323.

行了艰辛的探索，并在马克思主义经济价值观的指导下，在改革开放的实践中形成了对社会主义的新认识，提出了建设社会主义市场经济。社会主义市场经济意味着我们的市场经济是在国家宏观调控下的体制，是以社会主义为指导方针的体制。随着社会主义市场经济体制的不断完善和改革开放四十年来的伟大实践，我国经济迅速发展，国民生产总值跃居世界第二位，在国际社会的地位不断提高，人民生活水平得到了很大改善，整个社会呈现出蒸蒸日上的发展趋势。党的十八大以来，中国特色社会主义进入了新时代，新时代的经济发展也表现出了不同的特征，就是从要素驱动、投资驱动发展转向创新驱动发展，由高速增长阶段转向高质量发展阶段，充分发挥创新第一动力的作用，推动"大众创业万众创新"，促进经济提质增效升级。

"个体在经济关系中的地位不同而造成经济生活方式的差异，往往对个体价值观产生着决定性的影响"[①]，社会主义市场经济不仅要求坚持社会主义性质为基础，以市场经济为核心，更重要的是要坚持公平、效率、诚信的马克思主义经济价值观的基本观念，摆脱市场经济对实效性价值最大追求、人成为物的奴隶的束缚。社会主义市场经济必然对大学生创新创业行为产生影响，在创新创业实践中，大学生必须遵守社会主义市场经济行为规范，坚持公平、效率、诚信等基本观念，克服单一的经济效率优先的价值取向造成的缺陷，承认个体劳动付出与收获之间的对等性，从而实现公平价值观和效率价值观的统一。而创新驱动发展也使得大学生必须树立创新理念，具备创新意识和创业能力，使首创精神成为诸多核心竞争力中最关键的能力，在创新创业的实践过程中，能够创造性地解决问题。

---

① 罗国杰. 马克思主义价值观研究［M］. 北京：人民出版社，2013：154.

3. 文化因素

党的十九大报告指出："中国特色社会主义文化，源自中华民族五千多年文明历史所孕育的中华优秀传统文化，熔铸于党领导人民在革命、建设、改革中创造的革命文化和社会主义先进文化，植根于中国特色社会主义伟大实践。"① 中华优秀传统文化中自古就葆有日进日新的创新精神和兴邦致用的创业精神，是激励中华民族不断创新、进步的思想源泉。革命文化中所包含的红船精神、井冈山精、苏区精神等，蕴含着革故鼎新、勇于变革、善于创新的精髓本质，在中华民族争取民族独立的过程中提供了巨大的精神动力。社会主义先进文化以马列主义、毛泽东思想、邓小平理论、"三个代表"重要思想、科学发展观和新时代习近平中国特色社会主义思想为指导，立足中国革命和建设的实际，引领我国的政治、经济、文化全面发展，成为中华民族文化自信的灵魂。文化对人具有精神塑造和思想引领的功能，"教育过程实质上就是文化化人的过程"②。当代大学生正是成长于中国特色社会主义文化的发展与繁荣中，正如在本文第一章"理论基础"部分所论述的，无论是中华优秀传统文化、革命文化还是社会主义先进文化，其中所蕴含的创新创业思想，都会使当代大学生在耳濡目染中无声地受到影响。中国特色社会主义文化中所包含的革故鼎新、艰苦奋斗、创新创业思想正是激发大学生进行创新创业的精神动力，中国特色社会主义文化为大学生创新创业价值观的生成提供了良好的文化环境，大学生对中国特色社会主义文化的认同，有助于其创新创业价值观的形成，而大学生创新创业价值观本身也是中国特色社会主义文化的一部分。

---

① 习近平. 决胜全面建成小康社会，夺取新时代中国特色社会主义伟大胜利——在中国共产党第十九次全国代表大会上的报告[N]. 人民日报，2017-10-28.
② 沈壮海. 思想政治教育的文化视野[M]. 北京：人民出版社，2015：26.

(二) 微观因素

1. 创新创业教育因素

人是历史文化的产物,直接地是教育的结果。创新创业教育为大学生创新创业价值观的生成提供了必要的条件。

中国高校创新创业教育以 1997 年为起点,到目前为止经历了四个发展阶段。第一个阶段是自发探索期(1997 年至 2002 年 4 月)。该时期的创新创业教育还处于散在的、"火花式"的探索中,水平相对较低,给学生提供的创新创业教育更多的是知识启蒙,受众学生数量也相对较少。第二个阶段是多元发展期(2002 年 4 月至 2010 年 4 月)。2002 年 4 月,教育部在清华大学、北京航空航天大学、中国人民大学等 9 所大学开展创业教育试点工作,试点院校分别通过各自不同的形式,对创业教育的开展进行了实践性探索。该阶段随着教育主管部门对创新创业教育的指导,人们对创业教育的内涵有了共识性认识,认为创业教育是一种理念,要通过课程、改进教学内容方法、第二课堂等,增强学生的创新精神、创造精神和创业能力[①]。这一阶段的创新创业教育主要是对学生进行创新创业知识的传授,通过鼓励学生参加创新创业实践、讲座、竞赛等加深对创新创业的理解,帮助学生形成对创新创业价值的直观认识和感性经验。第三个阶段是全面推进期(2010 年 4 月至 2015 年 5 月)。2010 年 4 月 22 日,教育部召开高等学校创新创业教育和大学生自主创业工作视频工作会议,5 月 4 日颁发了《关于大力推进

---

① 教育部高等教育司.创业教育试点工作座谈会纪要(教高司函 [2002] 101 号),2002-4-30.

高等学校创新创业教育和大学生自主创业工作的意见》①（以下称《意见》），这是第一个推进创新创业教育的全局性文件，2012年8月，教育部办公厅印发了《普通本科学校创业教育教学基本要求（试行）》②（下称《基本要求（试行）》），对本科学校创业教育提出统一的、规范性要求。该阶段在教育行政部门推动下，我国高校创新创业教育呈现出"政府促进创业、市场驱动创业、学校推动创业、社会扶持创业、个人自主创业"的局面③。这一阶段，《意见》高度统一了各高校对创新创业教育发展理念的认识，形成了有关创新创业教育价值层面的目标，一是突出了创新创业教育要"面向全体学生，融入人才培养全过程"的价值定位，二是明确了创新创业教育要"提升学生社会责任感、创新精神、创业意识和创业能力"，引导学生树立科学的创业观、就业观、成才观的价值目标。《基本要求（试行）》则明确了培养学生"善于思考、敏于发现、敢为人先的创新意识，挑战自我、承受挫折、坚持不懈的意志品质，遵纪守法、诚实守信、善于合作的职业操守，以及创造价值、服务国家、服务人民社会责任感"创新创业价值观层面的具体内容。课程建设呈现体系化、分类化，分类指导的模式初见成效，既有面向全体学生的通识型创新创业课程，又有面向有创业意向学生的专业型创新创业课程和与专业相结合的融入型课程。创新创业实践呈现系统化，通过构建创新创业实践项目化平台、创新创业基地化平台，构建

---

① 关于大力推进高等学校创新创业教育和大学生自主创业工作的意见（教办〔2010〕3号）[EB/OL].（2010-5-13）[2020-3-2]. http：//www.moe.gov.cn/srcsite/A08/s5672/201005/t20100513_120174.html.
② 教育部办公厅关于印发《普通本科学校创业教育教学基本要求（试行）》的通知[EB/OL]. http：//old.moe.gov.cn/publicfiles/business/htmlfiles/moe/s5672/201208/140455.html.
③ 中国大学生自主创业工作经验交流会暨全球创业周峰会在沪开幕 刘延东出席并讲话[EB/OL].（2011-3-29）[2020-3-2]. http：//www.gov.cn/ldhd/2011-03/29/content_1833953.htm.

了有着校本特色的创新创业教育实践体系，同时，创新创业实践领域也由商业领域拓展到公益创业领域，引导学生在实现创新创业经济价值的同时，关注创新创业社会价值①。第四阶段是深化改革期（2015年5月至今）。在国家实施创新驱动发展战略、将"大众创业、万众创新"作为驱动经济发展的"双引擎"之一的大背景下，2015年5月，国务院颁行了高校创新创业教育的纲领性文件《关于深化高等学校创新创业教育改革的实施意见》②，该阶段高校创新创业教育已由"以创带就"拓展为以"大众创业、万众创新"驱动经济社会发展，创新创业教育的价值追求逐渐由"创业就是创办企业""创业就是要赚钱"③等工具性价值追求，转向"让人们在创造财富中，更好地实现精神追求和自身价值"的理性升华④。创新创业课程与实践呈现融合发展，以"做中学"方式让学生在体验中增强对创新创业的价值认同。例如中国人民大学，"以创业教育、创业训练和创业实践为一体，打造金字塔型有机衔接、科学合理的创新创业教育体系，以价值引领、知识传授和能力培养为一体，养成学生健康人格，提升学生综合素质，促进学生全面发展"⑤。

中国高校创新创业教育经历了火花式的探索到全面深化改革的历程演变。2010年教育部印发的《关于大力推进高等学校创新创业教育和

---

① 孔洁珺．大学生创业价值观研究［D］．吉林：东北师范大学，2017．32．
② 国务院办公厅印发《关于深化高等学校创新创业教育改革的实施意见》［EB/OL］．(2015-5-13)［2020-3-2］．http：//www.gov.cn/xinwen/2015-05/13/content_2861327.htm．
③ 教育部高等教育司．创业教育在中国：试点与实践［M］．北京：高等教育出版社，2006：58．
④ 2015年政府工作报告［EB/OL］．(2015-3-5)［2020-3-2］．http：//lianghui.people.com.cn/2015npc/n/2015/0305/c394298-26642056.html．
⑤ 洪大用．打造创新创业教育升级版［J］．中国高等教育，2016（2）：3．

大学生自主创业工作的意见》①中指出，"创新创业教育以提升学生的社会责任感、创新精神、创业意识和创业能力为核心"②。可见，创新创业教育的目的就是要通过教授大学生创新创业知识，培养大学生的创新精神、创业意识和创造能力，使其成为具有开创性个性、全面发展的个体。因此创新创业教育内容兼具创新创业事实（是什么）内容和创新创业价值（应该是）内容。创新创业知识、能力属于事实范畴，而创新创业精神、意识、社会责任感则属于价值范畴。一方面，大学生创新创业教育通过"应该是"的价值建设，帮助学生认知、解释、建构创新创业价值，让大学生获得创新创业的经济价值、社会价值、发展价值等多个维度的价值体验，在经历不断内化、接受的心理过程后，激发大学生内在的成长动机，从而为创新创业行为投射意义。另一方面，大学生创新创业教育通过"是什么"和"如何是"的"事实建设"，围绕实现创新创业所需要的知识体系来培养大学生的创新创业能力，使他们在创新创业实践中更具有创造力和竞争力。当然，大学生创新创业教育中的价值内容与事实内容并非互相孤立、各行其道，而是相互交融、彼此支持。事实内容是价值内容的支撑，价值内容是事实内容的导向，二者共同构筑了大学生创新创业价值观教育的内容基础。

2. 家庭教育因素

教育是家庭的重要职能，家庭教育对一个人价值观的形成发挥着重要作用。父母是孩子的第一任老师，在成长过程中，孩子都会受到父

---

① 关于大力推进高等学校创新创业教育和大学生自主创业工作的意见（教办〔2010〕3号）[EB/OL]. (2010-5-13)[2020-3-2]. http://www.moe.gov.cn/srcsite/A08/s5672/201005/t20100513_120174.html.

② 关于大力推进高等学校创新创业教育和大学生自主创业工作的意见（教办〔2010〕3号）[EB/OL]. (2010-5-13)[2020-3-2]. http://www.moe.gov.cn/srcsite/A08/s5672/201005/t20100513_120174.html.

母、家庭潜移默化的、持久性的影响。首先，家长对创新创业的观念、态度对孩子产生影响。尤其是在"官本位"思想的影响下，有的家长视当官、有稳定的工作为有前途，认为创业是不务正业，持否定态度。在这样的观念、态度的影响下，孩子很难对创新创业形成积极的评价，从行为上选择创新创业就少之又少了。有研究表明，"在没有创新创业意向的41.3%的大学生中，表明自己不打算创新创业的原因中也有不少人是因为'家人不支持'"①。其次，家庭创新创业氛围对孩子产生影响。有从商经历且较为成功的家庭或家族，能为孩子树立榜样，营造出家庭的创新创业氛围，使孩子在潜移默化中受到熏陶，从而增加孩子对创新创业的兴趣和认同，使孩子在不知不觉中树立了创新创业价值观。在没有从商经历的家庭中，孩子缺少了家庭这个最直接的创新创业启蒙窗口，会增加其对创新创业的陌生感、神秘感和障碍感，使得大学生在主观上缺乏对创新创业的兴趣、积极性、主动性，就会在一定程度上降低大学生对创新创业价值观教育的认同度和接受度。

（三）大学生主体因素

学者李德顺率先从主体性视角对价值进行了阐述，他指出"在价值选择的价值判断当中，一个根本的原则就叫主体性原则"②，因此，大学生创新创业价值观的生成，不仅受到各种外在因素的影响，也同样受到大学生主体内在因素的影响。从主体的视角，本文将借鉴"主体的需要、先在结构、非理性因素"③ 这三个接受的主体因素进行论述。

---

① 林湘羽. 广西大学生创新创业价值观现状调查及培养对策研究 [D] 南宁：广西师范大学，2016.
② 李德顺. 价值选择：要坚持"主体性"，不要左顾右盼 [N]. 北京日报，2007-10-15 (17).
③ 彭丽萍，赵野田. 接受主体因素对价值观教育的影响与启示. [J] 学校党建与思想教育，2013 (5)：65 66.

1. 主体的需要

主体的需要反映了主体生存和发展过程中自身内部的某种需求、意向、愿望等，是主体各种活动的源泉，也是接受活动的动力。按照马克思主义观点，需要是人类一切认识活动和实践活动的出发点。当大学生主体对创新创业表现出强烈的需求愿望时，他们会根据自身的需要，积极主动地对创新创业的信息进行筛选、甄别，从满足自身需要的角度进行吸收、理解，进而整合、内化为自己的创新创业价值观，并以此指导自己的行为。此外，"人以其需要的无限性和广泛性区别于其他一切动物"①，人的需要具有无限性的特点，这意味着一个需要的满足也是一个新的需要的开始，"需要—满足—新的需要—新的满足"，这种螺旋演进使得需要成为人的活动的原动力，也成为大学生创新创业的原动力。

2. 先在结构

先在结构是指人们头脑中先行存在的对创新创业有关的知识、体验、感受、观念，即创新创业旧的知识体系和价值观念。这些先在结构成为大学生创新创业价值观生成的基础和起点，这个基础和起点水平的高低决定着大学生对创新创业认同度和接受度的高低，从而影响着大学生对创新创业的认识与看法，对大学生创新创业价值观的生成起着积极的促进作用或者是不利的抑制作用。

3. 非理性因素

心理学研究表明，人的心理过程包括"知、情、意、信、行"五个基本方面，"知""行"属于理性因素，"情""意"和"信"属于非理性因素。"非理性因素具体包括人的欲望、愿望、动机、兴趣、情绪、情感、意志、习惯、本能等，同时还包括以非逻辑形式存在的直觉、幻

---

① 马克思恩格斯全集 [M]. 北京：人民出版社. 1980. 130.

想、想象、灵感等。"① 人总是在一定的情感、意志的影响下从事实践活动和认识活动，大学生通过亲身体验创新创业实践的喜怒哀乐，不同的情绪体验对大学生的创新创业认知产生不同的刺激效果，积极的情感体验使学生的新生的创新创业认知得到巩固和确认，消极的情感体验使新生的创新创业认知产生动摇，此外，在顽强的意志和坚定的信念指导下，也有利于帮助大学生克服创新创业中遇到的困难，从而在不断地修正中形成正确的主观需要。此外，非理性因素具有激发作用，直觉和灵感在情感、意志等非理性因素的激发下，能够弥补逻辑思维的不足，从而激发人的创造力，这在以创新为前提的创业中，是非常可贵和必要的。

三、大学生创新创业价值观生成的关键环节

人的心理过程包括知情信意行五个关键环节。大学生创新创业价值观的生成必然贯穿其心理过程，在这个过程中，知情信意行密不可分，呈现为由表层向深层不断发展的状态，在理性认知基础上，当大学生认识到创新创业的合理性时就会对创新创业产生肯定性的积极情感，通过认知和情感的综合作用，就会形成对创新创业的认同和追求，进而形成创新创业信念，通过意志的调控，最终产生创新创业行为。大学生创新创业价值观的生成不是知情信意行一次性的发展流程，而是要经过一次次的循环往复，在促进知情意信等心理因素的彻底体察和感受、创新创业行为的外化与践履中，最终实现创新创业价值观的生成。

---

① 彭丽萍，赵野田. 接受主体因素对价值观教育的影响与启示 [J]. 学校党建与思想教育，2013（5）：65-66.

（一）理性认知

大学生创新创业价值观的生成不是自然生成的而是需要经过培育的，这种培养不是简单的知识灌输，而是以知识为起点，"它需要通过教育对象个体对相应知识的掌握而生成健康向上的精神世界，形成科学的世界观方法论，形成坚定的信心和信念"①，大学生创新创业价值观正是大学生在对一定的创新创业理论和行为认知的基础上所产生的信念。当大学生在感知创新创业相关知识和活动后，经过包括"感觉、知觉、记忆、想象、思维和语言等"在内的认知过程，对信息进行加工、处理，进而形成"创新创业是什么""创新创业为什么"等初步认识，为形成创新创业价值观提供一定的知识基础和选择范围，并成为价值判断的有力依据。

（二）情感体验

大学生创新创业价值观的生成建立于一定的创新创业知识基础之上，但是知识并不足以激发创新创业行为。在大学生创新创业价值观生成过程中，情感体验反映了主体与客体之间的价值关系，这种情感体验产生于大学生在创新创业活动中，既可能有积极情感，也可能有消极情感，同时还受意志品质的影响。"没有人的'情感'，就从来没有也不可能有人对真理的追求。情感是一种巨大的力量，它能推动认识转化为行动，并发展为信念。"② 大学生对创新创业的情感体验在创新创业价值观的生成中起着重要的催化作用，如果他们在创新创业活动中体验到积极的情绪、情感，他们就会不辞辛苦、不计代价地通过各种途径缩小

---

① 沈壮海. 把知识教育与思想政治教育结合起来 [N]. 中国教育报, 2014-10-19.
② 王占仁. "广谱式"创新创业教育导论 [M]. 北京: 人民出版社, 2012: 169.

现实与理想的差距，从而促进和强化创新创业信念的形成。反之，当他们体验到消极的情感，他们就会产生对创新创业信念的不确定，从而影响创新创业信念的形成。"激情、热情是人强烈追求自己对象的本质力量。"① 满足大学生创新创业需求所产生的肯定性质的情感体验，诸如快乐、满意、喜爱、荣耀等积极情感因子在大学生创新创业价值观生成中发挥着重要的催化作用。

（三）意志培养

意志具有目的性的根本属性，通过发动或者抑制某些包括欲望、愿望、动机、兴趣、情绪、情感在内的价值心理，支配、调整行动以实现自身目的。意志对于大学生创新创业价值观的生成发挥着重要的调节作用。创业具有很高的风险。较之以往的一夜暴富，现在的创业已经很难实现短时间内的财富急剧积累，企业进入稳定发展期至少需要5—10年的持续努力。杰弗里·迪蒙斯和小斯蒂芬·斯皮内利曾这样描述创业者的旅程："想象一下，这就像一次要经过不同地形、经历各种天气条件的旅程。沿途你也可能是在渺无人烟时耗尽了汽油，或在你最想不到的时候车胎爆了，而这就是创业者的旅程。"② 从这段描述中，可以很直观地感受到不确定性和紧迫感时刻伴随着创业者。可以想象，创业过程中，大学生也必然遇到诸如资金、管理、政策等方面的困难、障碍、压力，那么，也只有意志坚强的人才能顶住压力、克服困难，变压力为动力、化危机为新机，并最终获得成功。在大学生创新创业价值观生成过程中，在意志的支配下，促使主体自觉主动地调节约束自身创新创业行为，克服内外部干扰，消解消极情绪带来的负面影响，面对困难展现出

---

① 马克思恩格斯文集：第1卷 [M]. 北京：人民出版社，2009：211.
② [美] 杰弗里·迪蒙斯，[美] 小斯蒂芬·斯皮内利. 创业学 [M]. 6版. 周伟民，吕长春，译. 北京：人民邮电出版社，2005：162.

不畏艰险的意志品质，在创新创业过程中表现出独立性、坚定性、果断性和自制力，从而实现从创新创业价值需要、价值认知到价值行为的转化。

（四）信念强化

信念是价值主体对某种现实或者观念抱有深刻信任感的精神状态。信念告诉人们"应该怎样，不应该怎样"。它所起的作用，首先是解决价值判断问题，即人们怎样才对自己有益，才能满足自身需要。在大学生创新创业价值观的生成过程中，大学生在自身需求的基础之上，通过对创新创业本质和规律的理性认知，在创新创业实践中体验到怎样想和做是有益的、有效的，就会形成"创新创业是有益的"这种信念，而这种价值信念一旦生成，就表现出对创新创业的坚信程度，这种坚信使得创新创业知识与大学生对创新创业的情感结合起来，告诉大学生"我应该进行创新创业，我要进行创新创业"，进而激发出创新创业行为的巨大动力，并对这种坚信表现出坚定的维护，从而排斥与之相对的其他观念。这种信念就成为支配大学生创新创业行为选择的重要尺度，为大学生建构创新创业价值观提供能量来源。

（五）行为外化

价值观只有外化为行动，才能起到真正的引导作用。"知行"是中国传统哲学的重要范畴，讲求不仅要"认知"，尤其要实践，实现"知"和"行"的统一。大学生创新创业价值观的生成过程也是一个知行合一的过程，经过对创新创业的理性认知、情感体验，在意志和信念的调节、支配下，大学生只有将对创新创业的价值追求转化为创新创业行动，并在行动的强化下进一步坚定观念，才能真正实现"生成"。如果大学生创新创业价值观只存在于其头脑当中，没有行为上的体现，那只能是创新创业价值观的观念生成状态，没有行为体现，也会造成大学生在创新创业上的知行分离、言行不一，那么，这种"生成"也不是真正意义上的"生成"，毫无意义可言。观念层面的创新创业价值观只有通过实践转化为实际的创新创业行动，才能真正发挥作用。此外，大学生创新创业价值观的外化还发挥着重要的固化作用。通过对创新创业的反复认识和反复实践，大学生在潜移默化中实现创新创业价值观内化为稳定持久的理想信念和价值追求，外化为自觉、主动、积极的创新创业行为。

四、大学生创新创业价值观生成的主要机制

通过对大学生创新创业价值观生成的影响因素和关键环节的分析，可以知道，大学生创新创业价值观的生成，从外部而言，会受到政治、经济、文化等宏观因素，高校创新创业教育、家庭创新创业教育等微观因素影响，从内部而言，会受到大学生自身影响，进而在内外综合作用下促成创新创业价值观的生成。一般遵循这样的过程：价值主体需要被引发，在价值主体的内在发展和外部影响干预的共同作用下，在积极情感的强化和意志信念的提升下，创新创业价值观最终形成，进而在实践的基础上外显并巩固、强化已有的创新创业价值观念。创新创业价值观的生成不仅是对创新创业需求的认同，还是对创新创业价值的内化；不仅是心理整合过程，还是外部环境塑造，更是创新创业价值观不断被内化、外化、固化的反复过程。

因此，大学生创新创业价值观的生成机制应当包括五部分：主体动力机制、文化引领机制、教育融合机制、实践养成机制、激励引导机制，它们从内外两个方面共同作用于大学生创新创业价值观的生成，实

现大学生创新创业价值观由"知"到"行"的转变。一方面，从内部因素而言，主体动力机制通过大学生发挥主体性作用，激发自身的创新创业需求，培养创新创业自觉。另一方面，从外部因素而言，文化引领机制、教育融合机制帮助大学生形成对创新创业正确的价值认知，实践引领机制则帮助大学生将对创新创业的价值认知、价值追求转化为创新创业行动，激励引导机制通过不断发挥积极情感的激发作用，实现创新创业价值观的固化。这五个方面相互影响，通过不断地价值认知、行为外化、实践体验、价值固化，在内外因素的共同作用下，实现大学生对创新创业认知的螺旋式上升，最终促使大学生创新创业价值观的生成。

（一）主体动力机制

主体性是价值的本质属性，也是价值观的主要特征之一。价值观不能离开主体而存在，脱离主体的价值观是没有生命力的，是虚无的。"任何理性教育，形象的感染，都是外部的客体，都只有通过主体的心理过程才能起到这样或那样的作用，如果没有主体内心的心理过程发生，任何教育都等于零。"[①] 大学生创新创业价值观的生成，首先取决于个体内在的自觉构建，需要大学生主体的意识觉醒和主动作为。主体动力机制具体包括自我教育、价值整合和体认接受三个方面。

首先是自我教育。原苏联教育家苏霍姆林斯基指出，真正的教育开始于自我教育。顾名思义，自我教育就是自己教育自己，但是这种教育是建立在主体的有意识基础上，是主体主动性、积极性在学习中的具体体现。大学生创新创业价值观不会凭空产生，而是要建立在一定的创新创业知识基础之上，"知识虽然不能直接地被视作美德，但知识却是美

---

① 王礼湛. 思想政治教育学[M]. 杭州：浙江大学出版社，1999：264.

德的基础"①。创新创业是一项复杂的社会活动,不仅需要专业知识、创业基础知识,还需要一些综合知识,这就需要大学生发挥自身积极性、主动性、创造性,激发自我教育的内驱力,积极思考、认同、内化社会创新创业价值标准,提升自我对创新创业的价值认知,从而指导创新创业活动的有效开展。

其次是价值整合。自我教育使大学生接受到不同的创新创业价值信息,这些价值信息不断地刺激影响着大学生主体,他必须主动地对这些信息进行分析、理解、判断,形成对创新创业价值的初步认知、认同、选择,即对创新创业价值信息进行整合,然后在一定的价值取向上对自己的创新创业行为做出选择。价值整合是一个渐进的过程,在这个过程中,创新创业价值观的生成本身就受诸多因素影响,特别是处于不断变化的外部因素,导致大学生创新创业价值观不断变化,进而影响大学生对创新创业的价值认同和价值选择。此外,就大学生主体而言,他们还处于生理、心理发展尚未完全成熟、价值观念还不稳定的阶段,这就可能导致在价值认知、认同、选择的过程中出现价值冲突。因此,价值整合是一个长期的、变化的心理运作过程,正是在这种不断发展、变化、运动的过程中,为大学生创新创业价值观的生成提供了动力,从而促进大学生创新创业价值观的发展和完善。

最后是体认接受。大学生创新创业价值观的生成离不开教育者向大学生个体传递社会所倡导的创新创业价值观,但是大学生并不是被动的全部接收,而是通过价值整合心理机制,有选择地消化吸收、内化外化,进而转化成个体创新创业价值观,指导创新创业活动。这种有选择地消化吸收过程就是创新创业价值观生成的"体验—体认—接受"过程。体验是大学生主体对创新创业的情绪感受和实践反思,形成对创新

---

① 魏英敏. 新伦理学教程 [M] 北京:北京大学出版社,1993:423.

创业的肯定或者否定态度，这种肯定或否定的态度就形成了大学生一定的心理认知模式，不断作用于其创新创业价值观的生成。尤其是积极情感体验，会促使大学生对创新创业形成一种正确的态度，并把它们融入自己的思想认知图式中，从而促进和强化创新创业信念的形成。体认是在体验的基础上，对创新创业体验结果的选择性认同，体验侧重的是感受，可能是积极性的，也可能是否定性的，但是体认则是比体验层次更高的、包含认同接受的深层次意识活动。经过体认这一过程，大学生对创新创业活动的内容、原则、价值才能真正地接受，实现创新创业信息向大学生创新创业观念、创新创业价值评判标准的转化，最终形成创新创业"应该是"的价值目标为创新创业行为投射意义。

（二）文化引领机制

文化作为一种软实力，对经济社会的发展具有重要的作用，也是衡量一个国家综合实力的重要标准。作为当今时代的产物，创新创业文化首先是一种思想意识，进而作用于人们的价值观念[1]。创新创业文化具有强烈的引领带动作用，对大学生创新创业价值观的生成产生重要影响。政府、社会、高校在文化引领中发挥着不同的作用。政府从顶层设计上统领着创新创业文化的发展方向。社会尤其是新闻媒体，能够将政府主导的创新创业文化传播出去，利于形成良好的舆论环境，形成对大众的精神激励。高校则是培育创新创业文化的主阵地，对大学生创新创业价值观的生成起到最为直接的促进作用。

政府在创新创业文化引领中发挥着主导作用。通过制定出台相关的政策文件，形成鼓励创新创业愿望、支持创新创业行为、尊重创新创业成果的鲜明导向。大力培育企业家精神和创客文化，打造创新创业活动

---

[1] 邓建生. 创业文化与中国大学的时代使命 [J]. 高等教育研究, 2000 (6): 22-26.

品牌，表彰创新创业先进典型，提供创新创业政策资金保障，建设创新创业容错纠错机制，充分调动全民创新创业的积极性，让创业者在自由宽松的环境中最大限度释放创新才华。

社会在创新创业文化引领中发挥着导向作用。通过制作创新类节目、挖掘社会创新创业人物典型，利用互联网的传播优势大力宣传，在社会上传播尊重劳动、尊重知识、尊重人才、尊重创造的理念，倡导敢为人先、敢冒风险、宽容失败的新风尚，促进创新创业价值在人们之间的传播。近年来，一批鼓励创新创业的优秀节目，比如中央电视台的《挑战不可能》、江苏卫视《最强大脑》、浙江卫视《智造将来》等广受观众喜欢，之所以得到认可，就是因为准确把握了"尊重劳动、尊重创造"的时代脉搏，深度契合了"劳动光荣、创造伟大"的社会风尚和时代召唤！

高校在创新创业文化引领中发挥着阵地作用。创新创业价值观的生成过程也是创新创业文化化人的过程。高校作为创新创业文化建设的重要阵地，通过创新创业制度文化、环境文化、精神文化、行为文化为大学生创新创业价值观的生成提供文化环境，促使大学生在这种文化氛围中体悟感受创新创业价值、坚定创新创业追求。创新创业制度文化就是从理念、制度层面，建立以人的发展为根本价值追求、能够弘扬人的主体性、能动性和开创性、允许和宽容失败的文化，将创新创业作为一种人才培养评价标准。环境文化就是创设体现创新创业价值观的外在校园环境、为大学生提供满足其大学生创新创业需要的生活学习环境。在学生的学习空间、生活空间布置有创新创业特点的标语、陈设，开设创意咖啡吧、奇思妙想馆等特色开放空间，让学生在潜移默化中受到影响。向学生开放创新创业实验室，加大创业园、孵化器、创客空间等创新创业实践平台建设，在实践中体验创新创业，实现对创新创业的感性认知到理性认知转变。精神文化就是发挥创新创业榜样和领军人物的示范带动作用，古往今来，敢想敢干、勇于创新、意志坚定是成功的创业者所具有一些共同的心理品质。通过对创新创业人物表彰、创新创业典型事迹报告，发挥创新创业榜样的示范作用，激励着大学生努力拼搏，让他们相信成功和财富是可以追求到的现实，为大学生提供创新创业的成功范本、可借鉴的成功经验，当然也包括警醒大学生免于失败的总结教训。

（三）教育融合机制

在全国教育大会上，习近平总书记提出培养德智体美劳全面发展的社会主义建设者和接班人。为打造中国创新创业教育升级版，教育主管部门未来将推动创新创业教育将与思想教育紧密结合，打造德育大平台；与专业教育紧密结合，打造智育大平台；与体育紧密结合，打造体育大平台；与美育紧密结合，打造美育大平台；与劳动教育紧密结合，打造劳动教育大平台。因此，大学生创新创业价值观的生成需要构建教育融合机制，真正使创新创业教育与思想教育、专业教育、体育、美育、劳动教育融合发展，这也使得创新创业教育并不是在现有教育上额外增加的一种教育方式。

一是教师观念融合。《关于深化高等学校创新创业教育改革的实施意见》[①] 指出，要"明确全体教师创新创业教育责任"，这就从制度上规定了创新创业教育不是专属教创新创业课的老师的责任，而是全体老师的责任，这也为创新创业教育与思想教育、专业教育、体育、美育、劳动教育融合发展坚定了思想基础。在文件指引下，全体教师要明确职

[①] 国务院办公厅印发《关于深化高等学校创新创业教育改革的实施意见》[EB/OL]. (2015-5-13) [2020-3-2]. http://www.gov.cn/xinwen/2015-05/13/content_2861327.htm.

责，主动适应新时代对高等教育的要求，认识到创新创业教育是"分内之事"，而不是"强己所难"。

二是课程内容融合。专业学习是进行创新的基础，很多创新成果，尤其是科技创新成果，必须建筑在坚实的专业知识之上。对于创新型创业而言，就更需要依托先进的专业知识。融入专业教育，专业教师要在专业教学中加入创新创业知识，搜集本专业的最新创新成果、来自于本专业的创办企业案例，在专业学习中让学生感受到创新创业的魅力、了解基于专业的创新创业途径。融入思想教育，充分利用形势政策课和思想政治教育理论课，加强党的路线方针政策教育，让广大学生在接受创新创业价值观教育的同时，全面理解新时代中国特色社会主义发展的布局、理念、思路、措施，深刻认识到当前广泛进行创新创业教育的国家需要、时代需要和个体成长需要，破除对创新创业的疑惑，坚定创新创业信念。融入体育，让学生认识到"健康第一"是一切的物质基础，同时通过不言败不放弃、不怕苦不服输体育精神的滋养，培养大学生在创新创业中的敢闯会创、百折不回、团队协作精神。融入美育，通过组织开展形式多样的创新创业沙龙、讲座、竞赛，营造崇尚创新、追求创业的校园文化氛围，帮助大学生发现创新创业之美、欣赏创新创业之美，激发自身增强创新创业精神和能力的热情，塑造个体创新创业人格。融入劳动教育，要让学生在类专业实习、岗位实习、创业体验中，感受劳动艰辛、体会劳动快乐、弘扬劳动精神，造就艰苦奋斗、锲而不舍的进取精神和爱岗敬业、精益求精的职业操守，懂得"劳动最光荣、最崇高、最伟大、最美丽"的道理。

三是强化融合保障。学校要根据人才培养定位和创新创业教育目标要求调整人才培养方案，将创新创业教育作为硬指标纳入教育教学全过程，鼓励教师开设跨学科专业的交叉课程，建立多层次、立体化的创新创业课程体系，在培养目标上，重点培养具有创新精神、创业意识和正确的创新创业价值观的开创性人才。

（四）实践养成机制

马克思主义认为，实践是认识的基础和来源，实践也是大学生创新创业价值观生成、内化、固化的必然途径。创新创业教育尤其强调理论与实践的联系互动，具有实践性特征，有学者把创业实践活动作为"创业教育与其他教育类型之间质的区别"①。可见，创新创业实践体验活动是打通主观世界与客观世界的"转换器"，是大学生创新创业价值观生成的必由之路。实践养成机制就是大学生通过参加各类有关创新创业实践活动，在体验中形成对创新创业的直观感受、升华创新创业情感、深化创新创业价值认同，最后形成对创新创业"应该是"的价值目标为创新创业行为投射意义，帮助大学生在创新创业价值内化的过程中形成对创新创业坚定的理想信念，这种理想信念再进一步转化为持续开展创新创业的动力。

第一，创新创业大赛是实践养成的重要抓手。"互联网+"大学生创新创业大赛连续举办九届来，吸引了越来越多学生参与，在提升大学生创新精神、创业能力方面起到了积极的促进作用。高校在组织开展创新创业类竞赛时，要注重面向全体学生，注重发挥竞赛的育人作用，避免重获奖轻建设倾向，将竞赛"选拔"的单一模式转变为"培养""选拔"并重的模式，通过全员参与，让学生在竞赛中重视创意的激发、创新创业能力的提升，而不是对奖项的追逐。

第二，实习实训基地是实践养成的重要载体。实现知行合一，必须注重学生的主体体验。高校通过建设诸如众创空间、创业园、孵化器、

---

① 彭钢. 创业教育学 [M]. 南京：江苏教育出版社，1995：94.

虚拟创业等各类实习实训基地，以"真刀真枪"的实战演练，使学生在参与体验中获得创业的感性认识与经验积累，实现对创新创业价值的体验、认同、内化，这个体验过程中，学与做实现了高度统一，帮助大学生强化原有创新创业价值观中对的部分，修正错误的部分，促进观念转化为生活，想象转化为现实，打破旧的创新创业知识体系和价值观念，促进创新创业新的认知、逻辑、观念的生成。

（五）激励引导机制

激励机制是指"组织中调动成员积极性的所有制度的总和。"[①] 大学生创新创业价值观生成的激励机制有助于发挥价值观的价值标准和价值评价作用，帮助大学生认清创新创业方向，提升创新创业价值追求。完善的创新创业激励机制关键是要对各参与主体进行激励，发挥积极情感的激发作用，不断增强各参与主体的积极性、主动性。大学生创新创业价值观教育中，大学生是行为主体，教师是教育主体，既要对大学生，同时也要对教师进行激励，既包括精神激励，也要包括物质激励。

一是通过教学改革为创新创业提供便利。建立创新学分积累转换制度，优化创新学分设置，将大学生参加的"互联网+"大学生创新创业大赛、各类科创竞赛、创新实验、发表的论文、创业实践等折算为学分，形成更有利于发掘学生创新创业潜质、激发学生热情的教学管理制度。为休学创业学生提供一站式便利服务，在办理休学、复学等手续方面给予方便。

二是通过支持措施为创新创业提供保障。一方面，落实国家有关创业贷款制度，设立高校自有的大学生创新创业专项资金，为有发展前景的大学生创业项目链接天使资金、风险投资等社会资本。加大创客空

---

① 刘正周. 管理激励与激励机制 [J]. 管理世界，1996（5）：219-221.

间、创业园等创业实践场所建设，为大学生参与创业实践提供场地、空间。另一方面，为从事创新创业教育的教师建立发展平台。鉴于教师来源的多元化，要实行分类管理，对于校内从事创新创业教育的教师，重点提供创新创业实践平台，如参加培训、共享有关实践方面的教学资源等，进一步帮助其提升理论知识和实践技能。对于聘任的校外兼职创新创业教师，建立促进他们理论水平提升的学术平台，帮助其增强实践经验的学术性，使其达到教学的标准要求，提高教学效果。

三是通过奖励为创新创业提供引领。在教师当中评选如"创新竞赛优秀指导教师奖、创业教育优秀教师奖"等创新创业标志性荣誉称号并给以相应物质奖励，同时在评定职称上也给以倾向，鼓励教师积极参与创新创业教育教学和实践。给予学生开展创新创业的启动资金支持，在学生当中评选创新创业典型，广泛宣传先进事迹，营造鼓励创新、学而优则创的良好氛围。

第五章 大学生创新创业价值观的培育策略

经过第四章对大学生创新创业价值观生成的影响因素、关键环节、生成机制等分析,可以得知,大学生创新创业价值观的培育是一项系统工程,要着眼于外部环境,构建社会、学校、家庭、大学生四位一体的培育场域;要体现创新创业教育"面向全体学生""结合专业教育""融入人才培养全过程"要求,建设通识型、专业型、精英型三层分类的培育课程;要体现创新创业的实践性特征,搭建创新创业竞赛、社会实践、创业体验三元协同的培育平台;要为培育提供配套制度,完善制度组织、教师培育、评估激励三体联动的培育保障,从而将大学生创新创业价值观的培育作为一种教育目标贯穿于人才培养全过程。

一、构建社会、学校、家庭、大学生四位一体的培育场域

(一)营造以创新创业创造为风尚的社会环境

"任何一种价值观的产生和发展,都脱离不开它所处的时代及其客观的社会存在。"[①] 社会环境是培育大学生创新创业价值观的重要土壤,一个以创新创业为风尚的社会环境能够为社会成员提供价值导向,也能

---

① 罗国杰.马克思主义价值观研究[M].北京:人民出版社,2013:156.

够为家庭教育和学校教育提供发展定位。习近平总书记指出"要营造有利于创新创业创造的良好发展环境",为全社会创新创业创造指明了方向,提供了根本遵循。

一方面,优化利于创新创业创造的体制机制。政府部门要坚定营造创新创业创造"软环境"的决心,建立、完善有利于大众创业、市场主体创新的政策环境和制度环境,从体制机制上,切实解决影响创新创业的突出问题,在中小企业、大学生创新创业上给予政策支持、提供有利条件,为创新人才松绑,替初创企业减负,为释放更大创造活力建立加速机制。另一方面,营造鼓励大学生创新创业创造的文化氛围。社会在创新创业文化引领中发挥着导向作用,特别是媒体、网络平台的宣传能够起到非常好的引导作用,近年来一些创业真人秀节目,如中央电视台二套的《创业英雄汇》、江苏卫视《赢在中国》、北京卫视的《我是独角兽》等节目,广泛宣传尊重劳动、尊重知识、尊重人才、尊重创造的理念,倡导敢为人先、敢冒风险、宽容失败的新风尚,使得"人人是创业主体,人人是创业环境"的创业理念深入人心,让人们更深入地认清创新创业的本质,认识到创新创业的价值所在,进而认可大学生开展创新创业活动,并在可能的情况下给予更多地关注和帮助。

(二) 创建弘扬创新创业价值导向的学校教育环境

高校的创新创业教育并被赋予了"高等教育综合改革突破口"的神圣使命,受到史无前例的重视。新时代大学生创新创业价值观培育是高校创新创业教育的重要组成部分,要想取得实质性的效果,也有赖于高校树立起先进的创新创业教育理念,坚持以人的发展为根本价值追求、弘扬人的主体性、能动性和开创性,实现创新创业教育由"工具导向"向"价值导向"转变、由"边缘地位"向"战略地位"转变。

<<< 第五章 大学生创新创业价值观的培育策略

1. 创新创业教育由"工具导向"向"价值导向"转变

2002年《创业教育试点工作座谈会纪要》①指出"创业教育是素质教育的一个重要方面,也是推进素质教育的一个重大举措","创业教育是知识经济时代培养学生创新精神和创造能力的需要,是社会和经济结构调整时期人才需求变化的需要""应从科教兴国的战略高度来认识创业教育的重要性"。"高等学校一方面要不断提高人才培养的质量和社会适应性,同时也要加强对学生的创新意识、创新精神和创业能力的培养。"②这也就意味着,我国的创新创业教育从起步阶段就明确了目标定位,将创新创业指向于培养学生的创新意识、创新精神和创业能力。但是在教育过程中,这种目标定位并没有成为高校普遍的行为自觉,而是出现了一些功利性做法。比如,一些大学将创新创业教育的目标定位为把学生培养成"老板"的教育,还有的学校希望通过学生接受创新创业教育后去开公司、当老板,以缓解就业压力。

创新创业教育的工具导向并非我国独有,蒂蒙斯早在20世纪70年代,就针对美国出现的以"企业家速成"为价值取向的创业教育理念,和期望通过创业教育"克隆"大大小小的比尔·盖茨的具体教育方式进行了反思和批判。他认为:"这是急功近利的创业教育思想。适应创业革命时代的大学创业教育,在教育理念方面不应如此短视。真正的创业教育应该面向未来,应当着眼于为美国的大学生设定创业遗传代码,以造就最具革命性的创业一代作为其价值取向。"③

但是,我们必须清醒地认识到,创业固然具有内在的"创富"目

---

① 教育部高等教育司.创业教育试点工作座谈会纪要[M].教高司函[2002] 101号,2002-4-30.
② 教育部高等教育司.创业教育试点工作座谈会纪要[M].教高司函[2002] 101号,2002-4-30.
③ 张婷.蒂蒙斯创业教育思想初探[J].当代教育论坛,2007 (6):51-53.

的，但是我们鼓励学生开展创新创业的目的并不是单纯地让学生去当老板，去"创富"，特别是第三章调研显示，近一半的学生对于创新创业的期待是挣钱、创富，因此，创新创业教育的逻辑起点和目标指向更应该是"育人"，而非"谋财"，以改变学生错误的价值认知。创新创业教育固然要实现缓解就业压力、提升创业率、创造经济财富等目标，但和其他类型的教育一样，创新创业教育要回归人的发展，在增长知识、能力的同时，更关注人性发展。作为一种先进的教育理念，是一种革命性的理念，创新创业教育本质上要求高校人才培养模式和内容的转向，即从专业型就业人才培养转向知识型创业人才培养，从以传授知识、技能为核心的工具导向以培养社会责任感、创新精神与创业能力为核心的价值导向转变。

2. 创新创业教育由"边缘地位"向"战略地位"转变

创新创业教育的"边缘化"地位是相对于学科专业教育的"主体化"而言的，主要体现在以下两个方面：一是体现在受众人群上。有的学校只是针对部分学生开设创新创业教育，将创新创业教育"精英化"，这明显有违教育部要求创新创业教育要"面向全体"的精神。二是体现在教育体系上。未能将创新创业教育"融入人才培养体系，融入教学课程体系，贯穿高等教育的全过程"，因而在机制上很难建构起完整的创新创业教育体系。这正印证了林崇德先生的观点，即"以前的学校教育体制从观念到制度、内容到方法，不能说阻碍了学生创造潜能的发挥和实现，但是至少说没有把培养学生的创造性或创造力及其相关思维和人格品质作为核心目标来追求，这是众所周知的事情"[①]。

创新驱动发展迫切需要大批创新型人才，创新创业教育被放置于"国家实施创新驱动发展战略、促进经济提质增效升级、推进高等教育

---

① 林崇德. 创新人才与教育创新研究 [M]. 北京：经济科学出版社，2009：18.

综合改革、促进高校毕业生更高质量创业就业"高度，高校必须要充分认识到创新创业教育对于我国经济社会发展的重要作用，要"把创新创业教育提升到学校发展战略的高度"①，在深化改革上下一番"绣花功夫"，着眼于切实提高学生的创新活力、创业能力、社会责任感等，改变以往创新创业教育仅仅是个别部门负责、浮于人才培养之外的不受重视境况，切实实现创新创业教育由"边缘地位"转变到"战略地位"。

（三）涵养利于创新创业的家庭环境

家庭是孩子的第一所学校，在大学生个体价值观养成中，其父母价值观往往发挥着巨大的引领作用，大学生创新创业价值观的养成同样会受到父母的影响。

对于父母或者亲戚有成功经商或者办企业经历的家庭，父母为大学生树立了创业的成功榜样，在这种创业氛围的包围中，创业技能可以在父母或亲戚的指导下得到提升，在潜移默化地影响下，大学生对创新创业的认同感就会得到极大提高，进而促使大学生创新创业价值观的养成。对于一些没有经商经历的家庭而言，父母的观念相对传统，特别是一些受"学而优则仕"等传统思想影响，希望孩子能去当公务员，抑或是找到一份体面、稳定的工作，这种求稳思想必然会极大地束缚大学生创新创业价值观的养成。因此，此类家庭要积极改变观念，涵养利于创新创业的家庭环境。父母一方面要与时俱进，跟上时代的步伐，增强对创新创业的认知、理解，破除对"大学生创新创业不稳定、不体面、不务正业"等错误认识，充分认识到在创新驱动发展战略下，创新创

---

① 教育部召开2016年度全国创新创业典型经验高校座谈会[EB/OL].（2016-9-9）[2020-3-2]. http://www.moe.gov.cn/jyb_xwfb/gzdt_gzdt/moe_1485/201609/t20160929_282726.html.

业对于促进国家和大学生个体发展的意义。另一方面,以宽容的态度对待大学生创新创业,而不是在听到孩子要创业时就一棍子打死。大学生思维活跃,喜欢追逐新鲜事物,好奇心强,易于产生创新创业想法,第三章的调查中显示,超半数大学生有创新创业意向。尽管这个比例比较高,但只是主观层面的意愿,而最终没有付诸行动的主要原因是"风险大"。受限于没有步入社会,经济上不独立、思想相对不成熟,抵抗风险的能力也相对差,大学生进行创新创业更需要父母的理解与支持。因此,父母要多倾听孩子的想法,与孩子一起分析利弊、优劣,寻找资源、共担风险。此外,当孩子创业失败时,父母也要给予理解,营造宽容失败、鼓励奋进的家庭氛围,让大学生能够在亲情的支持下走出失败,在创新创业实践中培养敢于担当、敢闯会创的价值观念,不断激发自身主动性。同时,还有非常重要的一个方面,就是第三章调研显示,"家庭收入高于20万"的学生创新创业意愿更高,但是在创新创业目标上更倾向"利益实惠"且更关注"个体利益",在家庭教育中,父母要以上以身作则,并提醒大学生作为社会成员的社会责任,在创新创业过程中兼顾个人发展和国家、社会需要,不断开创生命新境界,成为"具有开创性的个人"的同时,更成为一个对国家、对社会有用的人。

(四)激发大学生创新创业价值观培育的主体自觉

主体性是价值的本质属性,价值观不能离开主体而存在。"任何理性教育,形象的感染,都是外部的客体,都只有通过主体的心理过程才能起到这样或那样的作用,如果没有主体内心的心理过程发生,任何教育都等于零"[1]。本书第四章指出大学生创新创业价值观的生成过程中,知情信意行密不可分,呈现为由表层向深层不断发展的状态,在一次次

---

[1] 王礼湛. 思想政治教育学 [M]. 杭州:浙江大学出版社,1999:264.

的循环往复中促成大学生创新创业价值观的生成,这个过程就充分体现了大学生的主体性。第三章调研显示"激发大学生创新创业想法的主观因素是个人创业理想"。因此,大学生创新创业价值观的培育离不开大学生主体性作用的发挥,离不开大学生在创新创业上的主体意识觉醒和主动作为。

1. 自主学习创新创业知识

原苏联教育家苏霍姆林斯基指出,真正的教育开始于自我教育。顾名思义,自我教育就是自己教育自己,但是这种教育是建立在主体的有意识基础上,是主体主动性、积极性在学习中的具体体现。大学生创新创业价值观不是凭空产生的,它要建立在一定的创新创业知识基础之上,"知识虽然不能直接地被视作美德,但知识却是美德的基础"[1],因此,大学生创新创业价值观自我教育首先开始于对创新创业知识的自主学习。特别是在信息化日益发达的今天,网络为大学生进行创新创业自主学习提供了极大的便利。创新创业慕课、创新创业典型在网络上很容易就能找到。在丰富的资源中,更需要大学生发挥主动性、积极性去学习,当然,在获得了创新创业相关知识后,还需要大学生将这些知识经过包括"感觉、知觉、记忆、想象、思维和语言等"在内的认知过程的主动加工处理,从而形成对创新创业的初步认知。具体包括:第一,专业知识。本书在第二章中就论述了,打造新时代创新创业教育的升级版,就要实现创新创业教育与德智体美劳的结合,其中就包括与专业的结合,这是促进创新创业教育深入发展的保障,因此必须加强对专业知识的学习。比如获得第四届"互联网+"创新创业大赛的冠亚军"中云智车""罗华材料"项目,都是与大学生的专业知识紧密相连。一些高科技项目也是依托于实验室的孵化,在风险投资商的助力下,实现真正

---

[1] 魏英敏. 新伦理学教程 [M] 北京:北京大学出版社,1993:423.

的市场化。没有专业做支撑的创新,即便是实现了商业化,也会因其技术成本低、科技含量低而极易被模仿,进而被淘汰。因此,强化专业知识学习,尤其是那些帮助创业活动深入发展所必需的专业知识,对于大学生创业成功与否,更是至关重要。第二,创业基础知识。创业是一项专业性很强的社会活动,必须依托专业的创办和管理企业的知识。在决定成为一名创业者时,就要选择创业机会、评估创业机会、组建团队、拟定计划书、筹措资金、企业运营和成长管理等等,都需要创业者具备专业的创业知识,否则很难实现公司的筹建与运营。第三,综合知识。当今社会,人文社会科学等综合性知识发挥着越来越重要的的作用。麻省理工学院高度重视创业教育,可以说是创业型大学的"先驱者",在其建立之初就"用文科和实用学科一起培养学生,使他们成为所在行业的领导,而不仅是技术员""罗杰斯这样一种培养高级企业领导人、创造重要革新而并非仅是狭隘发明的大学理想,使工程学校很早便出现了人文和科学类的学科"[①]。显然,在创新创业过程中,大学生具备了专业知识,只能说有了进行创新创业的基础,但是,有基础不等于能创业或创业成功。创业是一个充满风险的过程,一方面,全面的综合知识能够帮助大学生在创业过程中立足,另一方面,创业应该讲求科学精神和人文精神并重,只有建立在人文关怀基础上的创新创业才是最有价值的。因此,加强对综合知识的学习能够为学生提供更为全面的知识储备,对其个性发展和创造性培养具有积极的促进作用。

2. 主动内化创新创业价值观

经过前面对大学生创新创业价值观的生成的内部动力机制的探讨,我们知道,大学生创新创业价值观首先取决于个体内在的自觉建构。当

---

① [美] 亨利·埃兹科维茨. 麻省理工学院与创业科学的兴起 [M]. 王孙禺,等译. 北京:清华大学出版社,2007:28.

知识内化为价值观,也就是创新创业知识转化为关于创新创业的价值观念,才能发挥作用。因此,大学生在自主学习了创新创业知识后,还要经过价值整合、体认接受到心理行为,将创新创业知识内化为创新创业价值观。首先,要对接收到的创新创业价值信息进行整合,这些价值信息不断地刺激影响着大学生主体,他必须主动地对这些信息进行理解、分析、判断,形成对创新创业的初步认知。其次,对创新创业价值信息的体验体认。体验是大学生主体对创新创业的情绪感受和实践反思,是一种认知和心理过程,它因个体的不同而具有个体独特的、直观的个性特征。大学生要把这种情绪感受和实践反思融入自己的思想认知图式中,促进和强化创新创业信念的形成。经过体验后,大学生会对创新创业体验结果进行选择性认同,即体认,是比体验层次更高的、包含认同接受的深层次意识活动,实现"学生对教师教学内容的重构"①。再次,对创新创业价值信息的接受内化。经过对创新创业信息的认知、体认体验,大学生获得了有关创新创业的多个维度的价值认知和体验,并对以上价值进行重新解释与建构整合,最终形成对创新创业价值的真理性认识,将创新创业信息转化为创新创业价值观念和价值判断标准,在创新创业"应该是"的价值目标指导下,实现由知到行的转化,促进创新创业行为的发展。这一过程,正是大学生不断发挥主体性,实现以新的创新创业观念体系替代旧的、不科学的创新创业价值观念体系的过程,实现对创新创业更高层次的理解与认知的过程。

3. 投入创新创业积极情感

马克思认为:"人作为对象性的、感性的存在物,是一个受动的存在物;因为他感到自己是受动的,所以是一个有激情的存在物。激情、

---

① 丁建志. 主体教育 [M]. 北京:中国经济出版社,2005:135.

热情是人强烈追求自己的对象的本质力量。"① 在创新创业上的情感体验,"是创业者在创业社会实践活动中表现出来的对事业的兴趣、爱好和憎恶"②,对大学生创新创业价值观的生成起着重要的催化作用,正如我们第四章分析的,如果大学生在创新创业活动中体验到积极的情绪、情感,比如在创新创业中感受到快乐、满意、喜爱、荣耀等积极情感,他们就会主动克服在创新创业活动中遇到的困难,坚定对创新创业的追求,从而促进和强化创新创业信念的形成。反之,当他们体验到消极的情感,他们就会产生对创新创业信念的不确定,从而影响创新创业信念的形成。因此,在创新创业价值观的培育中,大学生要更多地体验创新创业的积极情感,尽管可能会了解到一些创新创业的失败案例,或者自身经历了创业的失败,也要在这些失败中汲取经验教训,克服因失败而产生的恐惧感,将其化作继续进步的动力,凝聚坚定的创新创业正能量。

4. 在实践中践行创新创业价值观

价值观的生成是一个内化和外化相统一的过程,价值观必须内化为个体的价值追求、外化为个体的自觉行动,才能真正发挥作用。大学生创新创业价值观亦是如此。实践正是打通主观世界与客观世界的"转换器"。刘献君教授突出强调社会实践的自觉能动性,认为实践发挥着创造和建设功能。他认为:"实践这一人的感性对象性活动,一方面否定并超越着人与外部世界及其关系的既定状态,另一方面则肯定和实现着人与外部世界及其关系的新的可能性,从而发挥创造和建设功能。人与世界的相互作用,相互转化,生生不息,发展日新,正是经实践不断实现的。可见,实践不仅是人的自我肯定、自我发展的手段、途径,同

---

① 马克思恩格斯文集:第1卷 [M]. 北京:人民出版社,2009:211.
② 曾成. 高校创业教育目标及其实现 [D]. 长沙:中南大学,2007.

时也是人和人的世界得以同生同荣的机制、根据。大学生通过社会实践，在改变环境的过程中，认识自我，认识社会，认识自我和社会的关系，从而树立正确的奋斗目标和价值取向，认清形势，明确使命，增强社会责任感，达到改变自我的目的。"① 当然，这里所说的实践，涵盖范围非常广。既包括实践教育基地、创业示范基地、校友企业等社会实践，也包括参加"挑战杯""创青春""互联网+"等大赛，既包括在校的模拟演练，也包括到大学科技园、大学生创业苗圃开展创业实战。比如，在创新创业类竞赛中，不仅创新思维、商业思维、创新创业能力得到锻炼，锤炼团队合作、项目运营等专业技能得到提升，更是促进了创新创业价值观由"观念"到"行动"的转变。"互联网+"大学生创新创业大赛中的红色筑梦之旅项目不仅对接革命老区经济社会发展需求，助力精准扶贫脱贫，还为创业青年提供了传承延安精神、涵养创业精神、了解国情民情的机会。在创业模拟体验中，以软件模拟和案例分析的方式，通过角色模拟体验创新创业过程还原实战，将自身的创新创业观念与情景中可能遇到的问题相结合，并思考解决方案，随着问题的解决来肯定创新创业观念中正确的部分，修正错误的部分。正是通过实践，"它把我的那些愿望从观念的东西，把那些愿望从他们的想象的、表象的、期望的存在改变成和转化成它们的感性的、现实的存在，从观念转化为生活，从想象的存在转化为现实的存在"②。

5. 进行积极的创新创业自我评价

人的认识活动和实践活动都离不开评价活动。评价活动反映了客体属性满足主体需要的状况，带有显著的主体性特征。大学生创新创业价值观的形成，离不开大学生对自身开展创新创业活动的评价。一方面，

---

① 刘献君.中共中央国务院关于进一步加强和改进大学生思想政治教育的意见学习辅导读本 [C].北京：中国人民大学出版社，2005：62.
② 马克思恩格斯文集 [M].第1卷.北京：人民出版社，2009：246.

要形成正确的价值评价取向。从宏观来看，创业是推动一个国家或地区持续发展的原动力，这是被经济、管理、教育界学者反复证明了的真理。从微观来看，创新创业涉及知识广，对个人能力素质要求高，对个人的思维方式和行动能力有很好的锻炼作用，能够促进大学生全面成长。因此，对创新创业形成正确的价值评价是进行积极的自我评价的基础。另一方面，要主动开展创新创业价值观评价，积极评价自身创新创业行为对错。大学生在明确了创新创业评价的标准和尺度后，创新创业知识经过实践的转化，是否上升为创新创业价值观，只有大学生自身最为清楚。因此，大学生要主动开展创新创业价值观评价，思考自身创新创业行为表现是否符合创新创业价值观的价值要求，哪些需要保留巩固，哪些需要改进提升，并作出相应评价，以指导下一步创新创业行为。

6. 形成创新创业自觉

大学生将创新创业价值观转化为几次或偶尔的行为表现并不能说明成功实现了创新创业价值观教育目的，还必须要多次强化其创新创业行为，最终形成创新创业行为习惯和自觉。学者王占仁指出："创业自觉就是个体在对创业本质及规律深刻反省和科学领悟的基础上，做到自觉认同、自觉反思、自觉选择自觉创造，强调主体自我认同与反思的'自主能力'和主动选择与创造的'自主地位'。"① 我们借用其研究成果，认为大学生在创新创业价值观培育的主体构建中，在经过知识学习、价值内化、情感投入、实践外化、积极评价后，还要形成创新创业自觉，通过内在自我认同与反思、外在主动选择与创造，释放出创新创业的内生动力，改变大学生在创新创业教育中出现的"看客"心态和做派，从而做到知行合一。

---

① 王占仁．"广谱式"创新创业教育概论［M］．北京：人民出版社，2016：38.

综上，大学生创新创业价值观的培育要构建社会、家庭、学校、大学生四方面相互配合的协同场域，发挥各方积极作用，努力营造有利于大学生创新创业价值观生成的内外部环境，形成社会、家庭、学校、个体培育合力。

二、建设通识型、融合型、精英型三层分类的培育课程

课堂教学是大学教育的根与本。对大学生而言，课堂教学是促进其形成创新创业价值观的重要途径之一。创新创业教育要"面向全体、分类施教"，大学生创新创业价值观培育也要充分利用好课堂教学，建设面向全体学生的"通识型"课程、与专业教育有机结合的"融合型"课程、指向创业实践的"精英型"课程，实现大学生创新创业价值观的课程培育既面向全体，又分层施教；既重视全覆盖，又体现个性化。

（一）面向全体学生的通识型创新创业价值观培育课程

通识型创新创业价值观培育课程面向全体学生，其目标是涵养大学生的创新精神，启蒙创业意识，其途径就是把创业价值观教育融入德智体美劳教育体系中，在日常的生活学习中形成对创新创业的价值认知，改变大学生在创新创业目标上的功利性、利己性，引导其形成正确的创新创业价值观。

融入思想政治教育，就是充分利用形势政策课和思想政治教育理论课，加强党的路线方针政策教育，向广大学生讲明白"四个全面"战略布局、五大发展理念、新时代中国特色社会主义思想等一系列治国理政的新思路、新战略和新一轮科技革命、产业革命的时代背景，让广大学生在接受创新创业价值观教育的同时，全面理解新时代中国特色社会主义发展的布局、理念、思路、措施，深刻认识到当前广泛进行创新创

业教育的现实需要和个体成长需要，破除对创新创业的疑惑，更要破除当前大学生在创新创业目标中所存在的追求"自我发展""利益实惠"的狭隘的利己主义，形成在创新创业中个体"小我"与祖国人民"大我"有机统一的价值认知。融入体育，不仅是让学生拥有创新创业的健康体魄，更要汲取体育精神营养，要将体育中永不言败、勇争第一、不怕苦不服输的奋斗精神和爱拼敢赢身心素质的塑造融入创新创业价值观教育中，砥砺广大学生在创新创业中对敢闯会创、百折不回、团队协作精神的培养。融入美育，发挥美育所具有的"创造教育"功能，激发大学生的审美创造力，发现创造之美、创业之美，激发创造性，使大学生自觉成长为创新创业所需要的"具有开创性的个人"。融入劳动教育，创新创业实践作为劳动教育的一种高级形式，更强调创造性劳动的重要性，因此，通过让学生在各类专业实习、岗位实习、创业体验中，感受劳动艰辛、体会劳动快乐、弘扬劳动精神，懂得"劳动最光荣、最崇高、最伟大、最美丽"的道理，进而造就艰苦奋斗、锲而不舍的进取精神和爱岗敬业、精益求精的职业操守，形成创新创业所必备的职业精神。融入智育，就是融入专业教育，这一部分我们将在下面内容中详细论述。

(二) 与专业相结合的融合型创新创业价值观培育课程

融合型创新创业价值观培育课程也是要面向全体学生，但与通识型创新创业价值观培育课程不同的是，该类型课程更强调学生的学科背景，其目标是更好地帮助学生"敢闯会创"，引导学生将创新创业与学科专业深度融合，实现创新创业价值观对学科专业的价值引领。

专业教育在学生的成长中，能够帮助学生习得系统的专业性知识，其作用和地位具有非常重要的不可替代性。但是综合考量学生成长所需要的知识体系，单纯的专业知识教育亦存在其不足之处。爱因斯坦说："用专业知识教育人是不够的。通过专业教育，他可以成为一种有用的机器，但是不能成为一个和谐发展的人。要使学生对价值有所理解并且产生热烈的感情，那是最基本的。他必须获得对美和道德上的善，有鲜明的辨别力。否则，他——连同他的专业知识——就更像只受过很好训练的狗，而不像一个和谐发展的人。"① 大学生创新创业价值观教育与专业教育深度融合，其目的是为了更好地育人，通过活化学生的专业知识，立足专业开展创新活动，引导学生提升实际应用的智慧和社会责任感，弥补单纯专业教育的不足，最根本的目的是实现"价值引领"与"知识传授"的统一，培养具有开创性的全面而自由发展的个人。

一是明确培养目标。大学生创新创业价值观培育与专业教育深度融合必须要寓于专业培养方案之中，充分显现在教育教学的全过程。因此，要调整专业培养方案，将创新创业价值观教育内容融入专业培养方案，在专业教学中增强学生创新精神、创业意识、创新创业能力的培养。

二是转变育人理念。当前，新一轮产业革命和科技革命蓄势待发，拥有了创新，就拥有了发展的主动权。高校也必须以创新求发展，人才培养必须要与经济社会发展、创业就业需求紧密对接。专业教师需要转变育人理念，主动承担起创新创业价值观教育职责，引导学生在专业学习中化解可能存在的价值冲突。

三是创新课程设计。创新创业教育与专业教育深度融合，其实质是对学科教学过程中学科知识的一种"重构"或"再组织"，使课程兼具专业特色和创新创业内涵。教师要及时向学生反映本学科领域的前沿问题、相关产业发展的前沿成果以及在创新驱动发展战略下本专业的发展

---

① 许良英，干瑞智．走进爱因斯坦［M］．沈阳：辽宁教育出版社，2005：105．

方向和路径，开展本专业热点创新性探讨和创业案例分析，鼓励学生从专业的视角挖掘创业点、搜集创业信息案例，在课堂上进行分析，帮助学生增强专业认同感、以专业服务社会的责任感、依托专业进行创新创业的使命感。此外，创新创业对知识的广度和深度要求都非常高，除了专业知识、科学精神的培养外，专业教师还要注重对学生人文精神的教育，让学生认识到创新发展尤其是科技创新要建立在人文精神之上，建立对国家民族、对人的生存意义、价值、精神的追求和确认上。同时，要进一步改进教学方式，将专业教育实习实践平台与创新创业实训平台结合起来，优化资源配置的同时，既增强学生专业实践能力，又不断提高学生的创新创业能力。

四是对学生进行发展性评价。改变当前课程中的"唯分数论"，改变对学生的考核仅以考试分数为依据的方式，转向注重对学生实践能力的评价，特别是创新能力的评价。教师要加强课堂的控制，注重学生运用本专业解决实际问题的能力，让学生以案例的方式分享利用专业知识开展的创新实践，进而实现对学生的发展性评价。当然，在发展性评价中也要尊重差异性、多样性，可以通过学生自我评价、教师评价和考试评价结合的方式，引导学生重视创新创业能力的培养。

（三）指向创业实践的精英型创新创业价值观培育课程

如果说，通识型和融合型创新创业价值观培育课程是为了实现全体学生的创新创业启蒙和意识唤醒。那么，精英型课程则是帮助有创业意向的学生将意向转化为行动，不断磨炼创新创业意志，建立起创新创业过程中攻坚克难、不怕失败的勇气和信心，坚定创新创业价值追求，最终在创业行为中践行这种追求，实现知行合一。此类课程一般主要针对有创新创业意向的少数学生，主要采用选修课、"创业先锋班"或者

"精英班"的形式实施。具体包括：

一是从对学生的选拔上就注重创新精神。从创新创业意愿、意志品格、自制力等方面明确选拔标准，同时利用心理学知识测量学生的创业意愿和创业潜质，思辨能力和团队合作精神等，确保所选拔的均为有创业意愿的学生，为课程开展打下良好基础。对该部分学生建立创业档案，持续关注学生的创业学习、创业实践动向，对他们的创业意愿和创业能力进行全方面考察和针对性培养。

二是开设基于创业的实务培训。围绕创办新企业或新事业的过程进行创业实务培训，包括创新意识和创新思维、识别机会、机会评估和创办新企业或新事业等，另外加入《创业心理学》《创业伦理学》《创业哲学》《创业人才学》等课程，让学生通过课程深入理解创业不仅是创立新企业或新事业，创业还是一种行为习惯、人生哲学。在教学方法上采用创业理论+案例教学+商业模拟+项目孵化的实践教学方法。学生提供模拟创业机会。教师要通过联合校团委、就业指导服务中心、资助中心、各个学院等相关部门为学生在校内搭建实践平台体系，为学生创造更多低成本、低压力的创业实践环境，进一步培养学生的创业意识，零距离接触创业；还可以组织学生参与到校内外更多的实践项目中，帮助其将所学知识转化为创新创业能力。

三是基于创业实践成果回归课堂的实践教学。建立基于问题的学习体系，精英课程班的学生通过参与创业模拟实践，每一位学员都会有在筹划的或已实施的创业项目，教师要让学员定期形成创业实践成果，成果包括创业中项目进展、遇到的困难疑惑、期待得到的指导、实践感悟等内容，然后利用课堂专门分析每一个学员的创业实践成果，每一个学员在自己得到指导的时候，也能够获得其他学员的经验分享，避免自己再犯下别人犯过的错误。在实践—分享—再实践—再分享的循环中，建立起"体验—思考—抽象—体验"的学习周期,在这样的学习周期中,学员们相互学习,能够一同感受成功时的乐趣,这会给形成创业信念极大的正向激励;也能一同分析失败的原因,互相激励,让学员能正视失败,在朋辈的支持下,建立起克服失败的勇气,不惧失败,也是一种信念。基于创业实践成果回归课堂的实践教学将教学和解决问题合二为一,让学生在"做中学"中不断提高创业能力、坚定创业信念。

三、搭建创业竞赛、社会实践、创业体验三元协同的培育平台

"教育与生产实践相结合、与社会实践相结合"一直是我国教育方针的重要内涵,并被写入2015年12月27日修订发布的《中华人民共和国教育法》中,是在教育中应该坚持的基本原则。另一方面,大学生创新创业价值观培育具有实践性特点。创新创业教育强调理论与实践的联系互动,具有实践性特征。"创业学习是一个从经验中学习,从与利益相关者的关系中学习,从错误中学习,从模仿、反思中学习的过程。"① "创业实践活动是创业教育与其他教育类型之间质的区别。"② 由此决定大学生创新创业价值观的培育不能仅仅局限在课堂内,而是将课程教育与实践养成紧密结合起来,通过以"中国'互联网+'大学生创新创业大赛"创业实践为引领的竞赛平台、以"青年红色筑梦之旅"为引领的社会实践平台、以"创客空间、创业园"等为载体的体验平台,充分发挥平台的协同作用,让学生在实践中不断提高创新精神、创业意识、创新创业能力的同时,改变大学生在创新创业价值选择上存在的特别是"知""行"分离现象,更好地"认识自我,认识社会,认识自我和社会的关系,从而树立正确的奋斗目标和价值取向,认清形势,

---

① 牛长松. 英国高校创业教育研究[M]. 上海:学林出版社,2009:226.
② 彭钢. 创业教育学[M]. 南京:江苏教育出版社,1995:94.

明确使命,增强社会责任感,达到改变自我的目的"①。

(一)以"中国'互联网+'大学生创新创业大赛"为引领的创业竞赛平台

创新创业教育深化改革的九项"主要任务和措施",其中一项就是"强化创新创业实践","举办全国大学生创新创业大赛,办好全国职业院校技能大赛,支持举办各类科技创新、创意设计、创业计划等专题竞赛"②。各省份、各高校也都提出要进一步完善创新创业教育体系,搭建各类大学生创新创业竞赛平台,将创业竞赛融入体系中来。近年来,各类大学生创业竞赛不断涌现,"呈现出体量大、参与广、种类多、影响广泛的特征"③,对大学生创新创业精神的培养起到了积极的促进作用。其中影响力最大的要数中国"互联网+"大学生创新创业大赛和"挑战杯"中国大学生创业计划竞赛。

中国"互联网+"大学生创新创业大赛在教育部的主办推动下,大赛举办6年来,"累计375万个团队的1577万名大学生参赛,300余万大学生踏上'青年红色筑梦之旅',来自五大洲一百多个国家和地区的一千五百多万大学生参赛,形成了五项重要成果,即组建了一支声势浩大的双创新锐大军、开出了一堂最有温度的国情思政大课、开主了一堂最具特色的创新大课、孵化了一大批高质量创新项目、奉献了一场惊艳

---

① 刘献君. 中共中央国务院关于进一步加强和改进大学生思想政治教育的意见学习辅导读本[C]. 北京:中国人民大学出版社,2005:100.
② 国务院办公厅印发《关于深化高等学校创新创业教育改革的实施意见》[EB/OL]. (2015-5-13)[2020-3-2]. http://www.gov.cn/xinwen/2015-05/13/content_2861327.htm.
③ 施晨辉,倪好. 大学生创业竞赛:角色、困境与策略[J]. 重庆高教研究,2017,5(04):64-69.

非凡的双创盛会"①。大赛得到党中央、国务院的高度重视和深切关怀，习近平总书记给参加第三届"红色筑梦之旅"大学生回信；首届大赛总决赛期间，李克强总理对大赛做出重要批示；第三届大赛总决赛期间，时任副总理刘延东参观了高校创新创业教育成果展，出席"青年红色筑梦之旅"演讲报告会。九年间，大赛已经成为覆盖全国所有高校、面向全体高校学生、影响最大的赛事活动之一，尤其是第六届大赛，克服新冠肺炎疫情不利影响，"来自国内外 117 个国家和地区，4186 所学校的 147 万个项目，631 万人报名参赛"。中国国际"互联网+"大学生创新创业大赛成为"一场真正的百国千校的国际大赛，极大提振了大学生创新创业的激情与热情，实现了'更国际、更教育、更全面、更创新、更中国'的办赛目标，呈现了'人数多、名校多、类型多、实效多、亮点多、岗位多'的六大特点"②。我国另外一项系统性的创新创业重大赛事就是"挑战杯"中国大学生创业计划竞赛，该赛事 1998 年在清华大学举办以来，覆盖全国高校，连续成功举办十余届。创业竞赛在深化高校创新创业教育改革、推动产学研用结合方面发挥了重要作用，同时，在提升大学生创新创业与能力、社会责任感、促进大学生全面发展上也起到了巨大作用。第四届中国"互联网+"大学生创新创业大赛冠军得主、北京理工大学"中云智车"项目负责人倪俊说："博士毕业后会继续从事无人驾驶汽车的研究工作，为我国汽车

---

① 教育部召开新闻发布会介绍第六届中国国际"互联网+"大学生创新创业大赛及深化创新创业教育改革情况 [EB/OL]. (2020-11-11) [2020-12-20]. http：//www.moe.gov.cn/fbh/live/2020/52651/.

② 教育部召开新闻发布会介绍第六届中国国际"互联网+"大学生创新创业大赛及深化创新创业教育改革情况 [EB/OL]. (2020-11-11) [2020-12-20]. http：//www.moe.gov.cn/fbh/live/2020/52651/.

工业发展与国防安全建设作出更大的贡献。"① 亚军项目、厦门大学"罗化新材料"项目指导老师、厦门大学教授解荣军表示,"罗化团队的故事,是全国64万支参赛项目团队的一个缩影,他们身上的理想、勇气、执着和坚毅,就是当代青年学子精神面貌的生动写照"②。

我们在看到创业大赛的积极作用的同时,也不能忽视其在某些方面存在的问题,比如重获奖轻建设、重经济价值轻社会价值、项目市场转化难等问题。因此,必须要融入大学生创新创业价值观教育,推动创业竞赛在育人上的可持续发展。一是突出理念引领。大学生创新创业价值观是要使大学生认识到创新创业的意义,培养大学生的创新精神、创业意识、创新创业能力和社会责任感,将创新创业作为一种人生态度、生活方式。必须要用这种理念规约创业竞赛的价值取向,让创业竞赛关注于人的培养,而不是项目的比赛。二是突出能力建构。重获奖轻建设必然会导致创业竞赛的"精英化",而无法使全体学生都从中受益。因此,创业大赛要从"选拔"的单一模式转变为"培养""选拔"并重的模式,"培养"模式旨在全员参与,以创业竞赛为手段,让学生通过竞赛体验商业实战,激发创意、提升创新创业能力。"选拔"模式可以重点培育优势项目,帮助有创业愿望的大学生通过竞赛模拟提升创业所需的各种能力同时,能够争取到成果转化支持。三是突出成果转化。成果转化是创业竞赛的延展和深化。尽管大学生创新创业价值观培养的目的不是让学生去创办企业,但是对于有愿望、有能力去创业的大学生,高校、社会还是要给予支持,为其实现创业理想提供必要的政策、资金、平台等服务,让这种激情转变为实实在在的创业行动。

---

① 敢闯会创 书写人生华章 第四届中国"互联网+"大学生创新创业大赛总决赛综述[EB/OL]. (2018-10-17) [2020-3-2]. http://www.sohu.com/a/260068548_407265.
② 敢闯会创 书写人生华章 第四届中国"互联网+"大学生创新创业大赛总决赛综述[EB/OL]. (2018-10-17) [2020-3-2]. http://www.sohu.com/a/260068548_407265.

(二) 以"青年红色筑梦之旅"为引领的社会实践平台

中共中央、国务院《关于进一步加强和改进大学生思想政治教育的意见》中明确指出:"深入开展社会实践是加强和改进大学生思想政治教育工作的有效途径。"在2016年全国高校思想政治工作会议上,习近平总书记指出:"要更加注重以文化人以文育人,广泛开展文明校园创建,开展形式多样、健康向上、格调高雅的校园文化活动,广泛开展各类社会实践。"[①] 2018年5月2日,习近平总书记来到北京大学考察,对全国大学生提出"爱国、励志、求真、力行"八字要求,"力行"就是勉励大学生将学到的东西落实到行动上,做到知行合一、以知促行、以行求知。

社会实践作为链接大学与社会、促进大学生知行合一的有效育人途径,在锻炼人、教育人、培养人上发挥了重要作用。特别是中宣部、教育部、团中央等组织的暑期"大学生文化、科技、卫生'三下乡'""大学生科教、文体、法律、卫生'四进社区'"社会实践活动受到广大学生的欢迎,每年都有数百万大学生参加,成为实践育人的品牌项目,而且社会实践的形势和内容也在随着新形势新发展的要求而不断创新。"青年红色筑梦之旅"实践活动就是在适应创新驱动发展需求、不断提高高等教育对稳增长、促改革、调结构、惠民生的贡献度下应运而生,被誉为是一堂"有温度的国情思政金课"。

"青年红色筑梦之旅"是中国"互联网+"大学生创新创业大赛举办的同期实践活动。该活动以革命老区发展为指针,通过创新创业活动帮助老区人民脱贫致富。据统计,2018"青年红色筑梦之旅"活动

---

① 习近平总书记在全国高校思想政治工作会议上的重要讲话 [N]. 人民日报,2016-12-9.

"累计有 2238 所高校的 70 万名大学生、14 万个创新创业项目参与，对接农户 24.9 万户，企业 6109 家，签订合作协议 4200 多项，产生经济效益近 40 亿元"①。2019 "青年红色筑梦之旅"又有"近 100 万名大学生、23.8 万个创新创业项目，对接农户 74.8 万户、企业 24204 家，签订合作协议 1.68 万余项，产生经济效益约 64 亿元"②。2020 "青年红色筑梦之旅""聚焦 52 个未摘帽贫困县，全国共有 132 万名学生参加，'红旅'电商直播带货活动的参与学生达 60 万人次，销售金额超过 4.3 亿元。52 个未摘帽贫困县所在的 7 省区均举办了全国线上对接活动，积极促成全国大学生聚焦贫困县开展以电商直播或创业实践为主的精准扶贫"③。2017 年 7 月，创业团队"小满良仓"负责人张旺发起联合其他创业团队一起给习近平总书记汇报"青年红色筑梦之旅"实践活动感受。习近平总书记亲切地给同学们回信，勉励大家"扎根中国大地了解国情民情，在创新创业中增长智慧才干，在艰苦奋斗中锤炼意志品质，在亿万人民为实现中国梦而进行的伟大奋斗中实现人生价值，用青春书写无愧于时代、无愧于历史的华彩篇章"④。这是当前对新时代大学生开展创新创业最有力的价值指引，是改变当前大学生"在创新创业价值目标上注重'创富''自我发展'，在创新创业价值评价上过度关注自我，呈现利己性、享乐主义"的有效途径之一。

---

① 敢闯会创 书写人生华章 第四届中国"互联网+"大学生创新创业大赛总决赛综述 [EB/OL]. (2018-10-17) [2020-3-2]. http://www.sohu.com/a/260068548_407265.
② 为青年创业打开梦想之窗——中国"互联网+"大学生创新创业大赛五年综述 [EB/OL]. (2019-10-28) [2020-3-2]. http://www.moe.gov.cn/s78/A08/moe_745/201910/t20191028_405624.html.
③ 教育部召开新闻发布会介绍第六届中国国际"互联网+"大学生创新创业大赛及深化创新创业教育改革情况 [EB/OL]. (2020-11-11) [2020-12-20]. http://www.moe.gov.cn/fbh/live/2020/52651/.
④ 习近平回信勉励第三届中国"互联网+"大学生创新创业大赛"青年红色筑梦之旅"的大学生 [EB/OL]. (2017-08-15) [2020-3-2]. http://news.xinhuanet.com/politics/2017-08/15/c_1121487775.htm.

开展以"青年红色筑梦之旅"为引领的社会实践活动，能够帮助大学生了解国情民情，增强社会责任感，坚定对中国特色社会主义道路的认同。在对接经济社会发展中，大学生能够了解到改革开放以来我国在各领域取得的巨大成就，深刻认识社会主义强大的生命力，同时，也能够实际了解到现实中存在的一些短板、不足和人民需求，从而进一步明确自身所肩负的历史使命，自觉把青春梦、创新创业梦融入伟大中国梦，把自己的前途命运和祖国富强、人民富裕、民族复兴紧密联系起来，在创新创业过程中完成从自我价值实现的"小我"与为国家和人民服务的"大我"的统一；能够帮助大学生增长创新创业本领。社会实践为大学生的创新活动提供了一个良好的平台，在帮助大学生了解社会现实的同时，能够发现生成实践中存在的问题，促进大学生提升发现问题、解决问题的能力，提升大学生的创新创业能力；能够磨炼大学生艰苦奋斗的意志品质。在实践中，大学生能够亲身体会劳动的意义、为了美好生活而努力奋斗的意义，通过在实践中感受、体验、反省、升华等心理变化，实现自身意志品质和思想道德的提升。当然，在社会实践中，也要避免活动的形式化、过场化，把好活动前的设计关和活动后的总结关，控制好开展过程，使社会实践发挥最大的育人效果。

（三）以"众创空间、创业园"等为载体的参与体验平台

大学生创新创业价值观教育的知识、意识、能力和精神，只有转化为学生的实践，在创新创业实践中达到知行统一，并通过实践不断强化，最终固化为创新创业自觉，才最终达到了创新创业价值观教育的根本目的。实现知行合一，必须注重学生的主体体验，因此，各高校都通过建设诸如众创空间、创业园、孵化器、虚拟创业等各类参与体验平台，让学生在参与体验中获得创业的感性认识与经验积累，实现对创新

创业价值的体验、认同、内化。

在《国务院关于进一步做好新形势下就业创业工作的意见》以及李克强总理五四给清华大学学生创客回信精神的指引下，高校众创空间也呈现蓬勃发展态势。众创空间是种新型的创新创业服务平台，通过市场化机制、专业化服务、资本化运作，为创业者提供工作空间、网络空间、社交空间和资源共享空间以及创新创业过程中需要的专业服务，具有低成本、便利化、全要素、开放式特点。众创空间一方面可以为对创新创业感兴趣的大学生提供专业的创新创业教育服务，另一方面，也可以为有创新创业项目的大学生提供商业模式构建、工商注册、政策咨询、法律咨询、投融资接洽等全方位创新创业服务，真正实现创新创业项目的落地。通过这种"真刀真枪"的实战演练，大学生能够真正体验到创新创业的关键环节，这个体验过程中，学与做实现了高度统一。众创空间浓厚的创新创业文化氛围能够潜移默化地影响大学生，提升大学生创新创业精神，同时，在大学生创业过程中遇到困难时，也能够得到志同道合人们的鼓励，这在培养大学生的创新创业意志、坚定大学生的创新创业决心上具有很大的激励作用。此外，众创空间导师以其成功创业者和投资人的身份，往往会受到大学生的崇拜，这种榜样的引领作用和导师对大学生创新创业者精神上的鼓励和启迪，对于大学生树立创新创业价值观亦具有重要的推动作用。不同于众创空间的"真刀真枪"演练，创业园则主要是为大学生创业项目提供场地和硬件设施，同时也提供一些信息服务、培训指导等服务。目前我国大多数都建有大学生创业园，创业园在为大学生创业项目提供较为全面、低成本、有效率的软硬件环境及降低创业风险方面具有重要意义，一些创业园，比如温州大学生创业园，在功能规划、布局规划、运行机制规划等方面为创业园建设提供了很好的参考范例。再如，杭州师范大学设立校院两级创业园，打造成浙江省"互联网+"众创空间,及"梦想小镇"合作孵化器、"阿里巴巴商学院"等院级的特色孵化器①,大大促进了在校生创业,其在校生创业率达到7.8%,远远高于世界平均1.6%的比例,营造了浓厚的创业氛围。当然,并不是所有的创业园都运转良好,有些创业园因"目标定位不清晰、专业化不足、对入驻创业项目的推动作用不明显、园区空置现象严重"等问题而名存实亡。

大学生创新创业价值观培育的参与体验平台还有很多,在此不再一一枚举,尽管体验参与平台的名称不尽相同,但它们都有一个共同的功能就是为大学生创新创业提供参与性和成长性的机会和平台,帮助大学生在实际体验中升华创新创业价值认知,激发创新创业热情,锻炼创新创业能力,提升创新创业内生动力,从而形成科学的、正确的创新创业价值观。

四、强化组织领导、教师培养、评估激励三体联动的培育保障

大学生创新创业价值观培育彰显了系统性、长期性、复杂性,既需要环境塑造、课程引导、实践锻炼,也需要制度规范、机制保障。

(一)加强大学生创新创业价值观培育的组织领导

一是成立大学生创新创业教育专门机构,其主要职责在于科学定位大学生创新创业价值观培育目标、体系,将创新创业价值观培育放在学校人才培养方案中统筹考虑,作为高校开展创新创业价值观教育的重要载体和实施机构,能够在师资队伍、课程建设、实践平台等方面统合全校资源。二是理顺领导机制,大部分高校的创新创业教育中都有教学、就业、团委、学院等部门参与,但是要建立健全这些参与部门的协调机

---

① 董伟.大众创业、万众创新背景下的高校创业教育[J].教育与职业,2015(35):3.

创业价值的体验、认同、内化。

在《国务院关于进一步做好新形势下就业创业工作的意见》以及李克强总理五四给清华大学学生创客回信精神的指引下，高校众创空间也呈现蓬勃发展态势。众创空间是种新型的创新创业服务平台，通过市场化机制、专业化服务、资本化运作，为创业者提供工作空间、网络空间、社交空间和资源共享空间以及创新创业过程中需要的专业服务，具有低成本、便利化、全要素、开放式特点。众创空间一方面可以为对创新创业感兴趣的大学生提供专业的创新创业教育服务，另一方面，也可以为有创新创业项目的大学生提供商业模式构建、工商注册、政策咨询、法律咨询、投融资接洽等全方位创新创业服务，真正实现创新创业项目的落地。通过这种"真刀真枪"的实战演练，大学生能够真正体验到创新创业的关键环节，这个体验过程中，学与做实现了高度统一。众创空间浓厚的创新创业文化氛围能够潜移默化地影响大学生，提升大学生创新创业精神，同时，在大学生创业过程中遇到困难时，也能够得到志同道合人们的鼓励，这在培养大学生的创新创业意志、坚定大学生的创新创业决心上具有很大的激励作用。此外，众创空间导师以其成功创业者和投资人的身份，往往会受到大学生的崇拜，这种榜样的引领作用和导师对大学生创新创业者精神上的鼓励和启迪，对于大学生树立创新创业价值观亦具有重要的推动作用。不同于众创空间的"真刀真枪"演练，创业园则主要是为大学生创业项目提供场地和硬件设施，同时也提供一些信息服务、培训指导等服务。目前我国大多数都建有大学生创业园，创业园在为大学生创业项目提供较为全面、低成本、有效率的软硬件环境及降低创业风险方面具有重要意义，一些创业园，比如温州大学生创业园，在功能规划、布局规划、运行机制规划等方面为创业园建设提供了很好的参考范例。再如，杭州师范大学设立校院两级创业园，打造成浙江省"互联网+"众创空间,及"梦想小镇"合作孵化器,"阿里巴巴商学院"等院级的特色孵化器[①],大大促进了在校生创业,其在校生创业率达到7.8%,远远高于世界平均1.6%的比例,营造了浓厚的创业氛围。当然,并不是所有的创业园都运转良好,有些创业园因"目标定位不清晰、专业化不足、对入驻创业项目的推动作用不明显、园区空置现象严重"等问题而名存实亡。

大学生创新创业价值观培育的参与体验平台还有很多,在此不再一一枚举,尽管体验参与平台的名称不尽相同,但它们都有一个共同的功能就是为大学生创新创业提供参与性和成长性的机会和平台,帮助大学生在实际体验中升华创新创业价值认知,激发创新创业热情,锻炼创新创业能力,提升创新创业内生动力,从而形成科学的、正确的创新创业价值观。

四、强化组织领导、教师培养、评估激励三体联动的培育保障

大学生创新创业价值观培育彰显了系统性、长期性、复杂性,既需要环境塑造、课程引导、实践锻炼,也需要制度规范、机制保障。

(一)加强大学生创新创业价值观培育的组织领导

一是成立大学生创新创业教育专门机构,其主要职责在于科学定位大学生创新创业价值观培育目标、体系,将创新创业价值观培育放在学校人才培养方案中统筹考虑,作为高校开展创新创业价值观教育的重要载体和实施机构,能够在师资队伍、课程建设、实践平台等方面统合全校资源。二是理顺领导机制,大部分高校的创新创业教育中都有教学、就业、团委、学院等部门参与,但是要建立健全这些参与部门的协调机

---

① 董伟.大众创业、万众创新背景下的高校创业教育[J].教育与职业,2015(35):3.

制，形成"校领导主抓、专门机构实施，多部门协同"的大学生创新创业价值观培育格局，确保在课程、实践等环节中大学生创新创业价值观培育的同向同频。三是构建"专门机构—学院—班级"创新创业价值观教育运行体系。学校层面，以专门机构为依托，强化顶层设计，合理规划大学生创新创业价值观培育目标，建立政策、机制、组织、资源保障，开展评估激励。学院层面，提高对创新创业价值观教育重要性认识，鼓励专业教师将创新创业价值观课程融入专业教育中，在专业课程上激发学生的创新意识、创业精神、社会责任感。组织学生参加创新创业竞赛、社会实践、项目孵化等实践体验，帮助学生在实践中树立正确的创新创业价值观。班级层面，在组织全体学生参加"通识型""融合型"创新创业价值观教育的同时，针对部分有创业意向的学生，重点开展"精英型"创新创业价值观教育，通过有关创新创业专业知识学习、创业模拟实训等实践活动，帮助他们将意向转化为行动，并在创业行为中坚定创新创业价值追求，实现知行合一。

（二）促进创新创业教育教师观念转变与能力提升

在高校创新创业教育的链条上，教师具有"双重角色"，他们既是施教者，也是受教者。创新创业教育在我国还处于发展摸索阶段，从事创新创业教育教师的理念、素质、结构等对创新创业教育质量有着至关重要的影响。第三章大学生创新创业价值观调研显示，大学生对高校创新创业教育总体持不满意态度，而不满意因素中，排前三位的就包括创新创业师资。教师作为教育行为的实施主体，在培育大学生创新创业价值观中，需要不断转变观念、提升能力。

教师角色的历史伴随着人类文明的教化传统。从中西方古代教育起源乃至文化起源看，早期的教师主要兼具两重角色，一是作为人类文化初启时的精神导师，一是以知识传授、职业训练为职志。正是韩愈所说的"传道、授业、解惑"。创新创业教育的过程，也是教师传道、授业的过程。

先悟道，再传道。高校教师要转变观念，认识到创新创业教育的本质、目的和自身所承担的教育责任。2012年教育部制定了《普通本科学校创业教育教学基本要求（试行）》[①]，要求"面向全体学生开展创新创业教育，把创新创业教育融入人才培养全过程，创新创业教育的教学目标是让学生掌握创业基本知识、理论方法，激发学生的创业意识，提高学生的社会责任感、创新精神、创业能力，促进学生创业就业和全面发展，创新创业教育不是少数教师的任务，高校的每一位教师都有培养学生创新精神的责任和使命"[②]。事实上，现在高校的很大一部分教师并没有意识到自身在创新创业教育方面承担的责任，也没有充分认识到创新创业教育基于创新型人才培养、促进学生全面发展的目的。有些教师对创业教育持观望态度："或者主观判断创业教育优劣，或者不愿顾及与本专业研究不大相关的活动。"[③] 新时代打造创新创业教育升级版，其中一个重要的方面就是创新创业教育与专业教育相结合，开展创新创业教育已经成为每一名高校教师的职责所在，作为高校教师，"创新创业教育和自己无关"的错误想法需要根本扭转。

先受业，再授业。创新创业教育在我国的发展不过二十来年，有关专业与学科基础相对薄弱，当前高校中，大部分从事创新创业教育的教师，并没有系统的创业学理论学习经历，可以说不仅缺乏专业、系统的

---

① 教育部办公厅关于印发《普通本科学校创业教育教学基本要求（试行）》的通知[EB/OL]. (2012-8-14) [2020-3-2]. http://old.moe.gov.cn/publicfiles/business/htmlfiles/moe/s5672/201208/140455.html.
② 中国高校创新创业教育发展蓝皮书（2017）[M]. 北京：冶金工业出版社，2017：22.
③ 朱晓芸，梅伟惠，杨潮. 高校创业教育师资队伍建设的困境与策略[J]. 中国高教研究，2012 (9)：82-85.

创新创业教育学的相关基础知识，又缺乏创新创业实践经验。因此，高校教师要加强创新创业知识学习，强化实践教学经验。首先，拥有创新创业专业知识储备，能够向学生教授科学、准确的创新创业知识，改善教学方法，增强教育效果，具备开阔的眼界和教育教学改革的创新能力。其次，提高授课能力，创新创业教育实践性强，要求授课教师既要有专业的创新创业知识，还要有较高的实践演练能力。因此，教师要在课程内容、教学方式、考核方式等方面进行探索创新，同时，强化实践环节的教学组织，让学生在实践中不断提升创新精神。第三，有条件地实现创业经历，创办企业不是纸上谈兵那么简单，一些有条件进行了创业的教师，就能够向学生传授创业经验的同时，针对学生在创业过程中出现的具体问题，为学生提供现实的经验或者是教训。因此，对教师而言，讲授创新创业教育课程要求更高，应突出强化能力本位，先受业，为授业打下坚实基础，既拥有普通教师较强的从事一般教学工作的教学、科研能力，又要具有系统的创新创业知识，实现在教育教学过程中不断强化对大学生创新创业精神的培养。

  先传道，再授业。韩愈关于教师角色的使命的概括，"传道"是放在第一位的。在那个代，韩愈所要确立的，就是源自先秦诸子以来，那些教导了我们民族的先师们的道统，以及由此道统所陶冶出来的教师。今天，教师所传的创新创业教育之道，就是创新创业人才培养中那些常驻不变的基本价值和基本法则。"道"是无形的，要依托于教师的有形向学生呈现。创新创业教师并不是一个简单的传道者，而体现为一种以身当道的责任意识，在传道的过程中，向学生提出自己有关创新创业的"关切"，并不只是如何发表它们，同时要表达教师自己对创新创业的"确信"，而且还要把自己的"确信"之道传达给学生。正如有学者指出的，"对于培养性格来说，你无须道德上的天才，但是着实需要一个生机勃勃能够直接向伙伴传达自己思想的人。他的活力流溢到伙伴身上,有力而纯洁地影响着他们——在他无意影响他们时"①。

此外,为创新创业教育教师的成长发展搭建平台。当前高校创新创业教育教师的背景相对复杂,有学者将其分为三种类型,"一是学院型,主要从原有的工商管理或经济管理系科教师中产生,二是兴趣型,主要由大学政工队伍、行政系统人员和对创业教育有兴趣的非管理专业教师组成,三是公益型,主要由热心于培养大学生创业能力的社会活动家、企业家、经营管理人员和其他有志于公益事业的人士组成,以兼职为主"②。针对三种类型的教师,需要分别建设相应的发展平台,以此作为他们进一步发展的精神家园。针对学院型和兴趣型两类教师,他们是高校专职教师,授课能力比较强,针对他们重点要搭建实践平台。我们前面讲过,创新创业教育既需要教师拥有理论知识,还要有实践技能。要求每一位教师都有创业经历非常不现实,也基本不可能实现,因此,要尽可能为他们提供创新创业实践平台,如参加培训、共享有关实践方面的教学资源等。对于公益型教师,他们基本都是兼职教师,拥有丰富的实践经验,但是理论水平不一定能够达到作为真正教师的要求,因此,要建立促进他们理论水平提升的学术平台,帮助其增强实践经验的学术性,使其达到教学的标准要求,提高教学效果。

(三) 建立大学生创新创业价值观培育评估激励机制

建立完善的大学生创新创业价值观教育评估激励机制,既能发掘教育中的优势亮点,又能发现不足、以评促建,能保障大学生创新创业价值观教育的有效开展。同时,通过在评估基础上开展典型宣传奖励,树

---

① 王葎. 价值观教育的合法性 [M]. 北京:北京师范大学出版社,2009:156.
② 柴旭东. 论高校创业教育教师队伍建设 [J]. 大学 (学术版),2010 (4):33-41.

立标尺，促进教育效果提升。

一是完善评估体系。目前，大学生创新创业价值观教育作为创新创业教育的一部分，还没有引起足够重视，对其教育内容、教育方式还没有成体系的思考、设计，更缺乏系统的评估激励办法。因此，要建立科学合理的评估激励体系，建立具有指导性、可操作性的评价指标，包括教育目标、教育内容、教育路径、教育路径、教育者素质等多个方面，以考评来促进对大学生创新创业价值观教育的重视与开展。二是建立专门教育督导组。和其他学科有教学督导一样，高校要建立大学生创新创业价值观教育督导制度，定期开展教育情况督导，了解和把握教育者的教育水平，及时发现教育过程中存在的问题，针对问题给予解决的建议，提出下一步发展方向，以改进与完善大学生创新创业价值观教育。三是建立激励机制。完善的创新创业价值观教育激励机制关键是要对各参与主体进行激励，发挥积极情感教育的激发作用，引发不同主体参与创新创业的热情。大力选树教育典型和创新创业典型，对于表现突出的部门和个人给予相应的物质奖励和精神奖励，形成鼓励创新创业、表彰创新创业的良好氛围，进而提升实际教育效果。

结　　论

在中国特色社会主义进入新时代、实施创新驱动发展战略下，培养高素质的创新创业型人才是摆在今天中国高等教育面前的一项具有时代意义的重要课题。大学生创新创业价值观培育不仅是提升大学生创新创业精神、促进大学生全面发展的逻辑前提，更是将价值理论与现实问题结合起来、促进创新创业教育纵深发展的关键环节。本研究认为大学生创新创业价值观是大学生主体基于自身需要，在创新创业实践基础上，对创新创业目标的认识以及在创新创业时采取的价值判断和选择标准，是社会主义核心价值观在创新创业上的体现，以"创造价值，讲求效率公平"为出发点，以大学生个体的全面发展为最高价值理想，以是否推动社会发展和维护人民根本利益为评价标准，回答了大学生"创新创业为什么""什么样的创新创业最有价值""创新创业应坚持什么样的价值立场"，即大学生创新创业不仅是创新型国家发展需要，更是大学生自身全面发展的需要，只有将创新创业的青春梦融入中华民族伟大复兴中国梦才最有价值。研究以大学生创新创业价值观的概念厘定、属性揭示为逻辑起点，通过凝练主要内容，分析现状特点，考察生成机制，提出了具体的培育策略，对大学生创新创业价值观基本形成了一个相对直观的理论分析框架。但是，研究还有需要进一步探讨、关注的地方，主要包括：

首先，大学生创新创业价值观内涵的科学性问题。对大学生创新创业价值观内涵的理解和分析过程是一个需要不断地挖掘、深化的过程，也是一个不断反映大学生创新创业实践规律，发挥大学生主体性，进而促进大学生形成创新创业自觉的过程。本文虽然做了探索性研究，但还不够全面深刻，需要结合时代背景、创新创业教育现状、大学生成长规律等诸多方面进行深入研究；需要关注大学生在创新创业中的存在的现实问题、发展变化趋势，充分挖掘大学生创新创业价值观研究存在的重大现实意义和时代内涵。

其次，大学生创新创业价值观培育的实效性问题。本研究虽给出了一些培育措施，但其实效性还有待检验，需要继续深入探讨。此外，伴随时代环境的不断变化、创新创业教育的不断深化和创新创业实践的深入开展，大学生创新创业价值观必然会随之发生变化。因此，要不断发现教育中存在的现实问题和薄弱环节，在综合考量大学生主体因素及影响大学生创新创业价值观生成的诸如社会、学校、家庭等外部因素前提下，给予持续关注，制定更有针对性的措施。

再次，大学生创新创业价值观现状调研的全面性问题。大学生创新创业价值观存在个体的差异性、流变性，也存在区域性、国际性等特点，本文主要针对山东高校大学生进行调研，在调研的全面性上还需要进一步深化，以期为研究提供更为客观、全面的数据支撑。

大学生是社会主义事业接班人和建设者，是创新创业的生力军。大学生创新创业价值观对大学生的创新创业起着导向性、规定性作用，不仅影响着大学生全面发展的走向，甚至关乎中国特色社会主义伟大复兴的中国梦的实现。大学生只有创新创业实践活动中树立科学的创新创业价值观，坚持爱党、爱国、爱社会主义的统一，坚持个人主义与集体主义的统一，坚持自己的理想同祖国的前途、自己的人生同民族的命运的统一，才能不断地锤炼意志品质、厚植爱国情怀、提升道德境界，投身创新创业大潮，融入国家发展大局，在创新创业过程中完成自我价值实现的"小我"与为国家和人民服务的"大我"的统一，汇聚起实现中华民族伟大复兴中国梦的强大动能，将实际行动汇入推动社会进步、经济发展、改善民生的历史洪流，作出历史性贡献。

附　　录

大学生创新创业价值观现状调查

亲爱的同学：

您好！这是一份关于大学生创新创业价值观的现状调研问卷，诚邀您参与。本问卷采取无记名形式，答案无对错之分，信息仅用于本学术研究。请您客观、真实地回答下列问题。十分感谢您的支持与配合！

基本信息部分

1. 您的性别是_____A 男　B 女

2. 您所在的学校类型是_____A 本科院校　B 高职高专院校

3. 您所学的专业类型是_____

A 法学　B 工学　C 管理学　D 教育学　E 经济学　F 理学　G 历史学　H 农学　　I 文学　J 医学　K 艺术学　L 哲学

4. 您所在的年级是_____A 大一　B 大二　C 大三　D 大四

5. 您来自_____

A 村　B 乡镇　C 县级市城区或县城　D 地级市城区　E 省会城市　F 直辖市

6. 您是否为独生子女_____ A 是　　 B 否

7. 您的学习成绩排在班级的_____

A 前 5%　　 B 前 10%　　 C 前 30%　　 D 前 50%　　 E 其他

8. 您是否接受过创新创业教育_____ A 是　　 B 否

9. 您在校期间是否担任过学生干部_____ A 是　　 B 否

10. 您父亲的最高学历_____

A 初中及以下　　 B 高中　　 C 大专　　 D 本科　　 E 硕士及以上

11. 您母亲的最高学历_____

A 初中及以下　　 B 高中　　 C 大专　　 D 本科　　 E 硕士及以上

12. 您的家庭是否有从商经历_____ A 有　　 B 没有

13. 您的家庭年收入_____ A5 万以下　　 B5-10 万　　 C10-20 万　　 D20 万以上

主体部分

一、创新创业价值目标

1. 您认为"创新创业"的含义是_____

A 创办企业　 B 自谋职业　 C 基于创新基础上的创业活动　 D 开发科技项目

E 一种自由的生活方式　 F 在本职岗位上进行开创性的工作　G 其他（请注明）

2. 您认为大学生创新创业是因为"创新创业"（多选，限选 3 项）_____

A 展现个人才能　B 符合个人兴趣爱好　C 收入高　D 发展前景更好　E 缓解就业压力的临时之举　F 带动更多人实现就业　G 为社会创造更多财富　I 其他（请注明）

3. 您对大学生创新创业第一认知是_____

A 一种就业方式　B 展示才华的方式　C 挑战自我的方式　D 无奈的选择

E 创造价值　　F 其他（请注明）

4. 如果您选择创新创业，您的创新创业价值目标是_____

A 利益实惠　B 名誉地位　C 社会利他　D 自我发展　E 精神追求

二、创新创业价值评价

5. 您认为创新创业成功的标准是_____

A 企业规模和利润的最大化　B 获得名誉和地位　C 家庭生活富足　D 自我发展

E 社会责任

6. 就客观因素而言，您认为哪些会影响成功创新创业（多选，限选3项）_____

A 社会阅历　B 工作经验　C 国家政策　D 人脉关系　E 市场环境　F 资金

H 亲友意见　I 家族产业背景　J 其他（请注明）

7. 就主观因素而言，您认为哪些会影响成功创新创业（多选，限选3项）_____

A 创新精神　B 创业理想　C 超越别人的动机　D 责任感　E 市场意识　F 合作意识　G 个人性格　H 专业技能　I 其他（请注明）

8. 您认为大学生创新创业最重要的能力素质是（多选，限选3项）_____

A 决策力　B 创新能力　C 机遇把握能力　D 学习能力　E 领导力　F 资源整合能力　G 成就动机　H 团队合作能力　I 抗压能力　J 自制力

K 坚定性　L 果断性　M 独立性

9. 如果选择创业，您认为最有成就感的是_____

A 企业效益变好　B 企业规模扩大　C 击败竞争对手　D 给更多人创造就业机会　E 促进地方经济发展

10. 您所在学校开展了哪些与创新创业相关的活动（多选，限选3项）_____

A 相关课程　B 相关讲座、培训　C 相关演讲、竞赛　D 设创新创业基地　E 相关校外实践　F 其他　G 不清楚

11. 您对所在高校的创新创业教育的满意度：_____

A 很不满意　B 比较不满意　C 一般　D 比较满意　E 很满意

12. 您认为所在高校创新创业教育需要加强的方面有（多选，限选3项）_____

A 创业课程　B 创业实践　C 创业教育师资　D 创业竞赛　E 创业基金　F 创业辅导　G 创业社团　H 创业讲座　I 创业项目　J 创业氛围

K 创业科技园或孵化器　L 其他（请注明）

13. 您了解国家关于大学生创新创业的相关政策和措施吗_____

A 不关心　B 不了解　C 一般　D 了解　E 非常了解

14. 您认为下列大学生创新创业支持政策中最需要进一步加强和落实是（多选，限选3项）_____

A 培训指导服务　B 放宽市场准入条件　C 资金扶持政策　D 创业信息服务　E 在创业地办理落户手续　F 税费减免优惠政策　G 提供创业场地　H 创业项目孵化　I 其他（请注明）

15. 您所在学校的创新创业氛围如何_____

　　A 不清楚　B 不浓厚　C 一般　D 浓厚　E 很浓厚

16. 如果您所在学校的创新创业氛围不浓厚，您觉得主要因素是_____

　　A 学校不重视　B 创新创业教育课程体系建设有待加强　C 相关创新创业实践活动少　D 大学生缺乏创新创业观念　E 其他（请注明）

17. 您觉得学校和社会的创新创业氛围对您形成创新创业观念的影响如何_____

　　A 没有影响　B 影响很小　C 影响一般　D 影响较大　E 影响很大

18. 大学毕业后您希望到何种性质的单位工作_____

　　A 党政机关　B 公司、企业　C 事业单位　D 自主创业　E 其他

19. 您择业时最看重的因素是_____

　　A 薪资水平　B 发展空间　C 个人兴趣爱好　D 个人价值的实现　E 社会需要

　　F 专业对口求　G 其他（请注明）

20. 您是否有创新创业的意向_____　　A 有　B 没有

【在第20题中，选（A）的请先作答第20-Ⅰ、20-Ⅱ；选（B）的请先作答20-Ⅲ；后从第21题作答】

20-Ⅰ 您的创新创业想法是源于（多选，限选3项）_____

　　A 家庭影响　B 学校创业教育影响　C 传媒影响　D 朋友影响　E 接触商业、企业活动影响　F 社会实践启发　G 其他（请注明）

20-Ⅱ 促使您萌生创新创业意向的最直接原因是_____

　　A 家庭支持　B 受身边创业的朋友影响　C 没有找到合适工作　D 个人创业理想　E 学校支持　F 可以获得更多收入　G 看到好的商机

H 其他（请注明）

20-Ⅲ. 您不想自主创新创业是因为_____（多选，限选3项）

A 个人不适合　B 见效周期长　C 风险大　D 家人不支持　E 国家相关政策不健全　F 社会环境不给力　G 其他（请注明）

21. 您是否参加过社会或学校开展的创新创业活动_____

A 参加过　B 没参加过

22. 您参加社会或学校开展的创新创业活动的主要原因是_____

A 学校要求　B 个人兴趣爱好　C 有创新创业意向　D 跟随潮流　E 开阔眼界、提高能力　F 其他（请注明）

23. 您认为人生的价值体现在哪方面？_____

A 为家庭、为自己争取优越的生活

B 为社会为他人做贡献

C 为社会为他人做贡献，同时为家庭、为自己争取优越的生活

D 挑战自我，不断发展

E 做自己喜欢的事情

F 发挥自己最大的价值

G 其他（请注明）

24. 您认为创新创业给社会带来主要的价值有哪些？（多选，限选3项）_____

A 带动就业　　B 驱动经济发展　C 创造更多物质财富　D 促进技术转化　E 维护社会稳定　F 促进企业家群体的成长　G 促进社会公平　H 其他

25. 您认为创新创业在文化方面带来主要的价值有哪些？（多选，限选3项）_____

A 能够弘扬以爱国主义为核心的民族精神

B 能够弘扬以改革创新为核心的时代精神

C 能够弘扬"敏于发现、敢为人先"的创新精神

D 能够提升大学生创业意识

E 能够提升大学生的社会责任感

F 能够磨炼大学生的意志品质

26. 您觉得高校和社会需要加强创新创业文化建设吗？_____

A 不知道　B 不需要　C 需要　D 很需要

27. 下面列举了一些描述，请您对这些描述的赞同程度进行选择。

		非常反对	比较反对	不确定	基本赞同	非常赞同
1	青春是用来奋斗的					
2	人生在世就要及时行乐					
3	人生的价值在于为社会做出贡献					
4	失败是成功之母，不可避免					
5	胜者王侯败者寇					
6	枪打出头鸟					
7	创业就是创富					
8	创业是一种生活态度和行为方式					
9	创业就要利益最大化					
10	学而优则仕					
11	创新是一个国家兴旺发达的不竭动力					
12	创业必须体现创新性					
13	卖假货和盗版商品也是创业					
14	偷税漏税很正常					
15	凡事必须依法进行					

三、创新创业价值选择

28. 在创新创业中，当个人利益和集体利益发生冲突时，您会_____

A 个人利益服从集体利益

B 个人利益为主，兼顾集体利益

C 集体利益服从个人利益

D 集体利益为主，兼顾个人利益

E 说不清

29. 对于物质满足和精神追求，您的看法是_____

A 注重追求物质需要的满足，因为物质是基础

B 注重追求精神需要的满足，因为精神是更高的需要

C 既追求物质需要，也追求精神需要，但二者有时发生矛盾

D 既追求物质需要，也追求精神需要，并能很好的调节二者的关系

30. 您对企业捐助社会，支持公益事业的态度_____

A 应该积极捐赠　　　　　B 没必要捐赠

C 等钱多了再考虑捐赠　　D 无所谓

31. 您认为企业履行社会责任的首要动因是（多选，限选3项）_____

A 提升企业品牌形象　B 为社会发展做贡献　C 获得政府认同

D 建立持续竞争优势　E 树立企业家个人形象　F 更好地创造利润

G 实现企业家个人价值追求

32. 对社会造成不良影响，但还不至于违法的创新创业项目会，您会_____

A 终止项目　B 权衡利弊，边干边看　C 考虑有盈利空间，不放弃

33. 如果有人对您的创新创业项目进行投资，但要传播不良或违法信息，您会____
   A 为了生存，可以先合作一段　　B 坚决不与其合作

34. 请您用一个词或一句话概括大学生创新创业价值观

衷心感谢您做出的认真选择，祝您在今后的学习生活中身体健康、学业进步！

参考文献

著作类:

[1] 马克思恩格斯文集:第1卷[M]. 北京:人民出版社, 2009.

[2] 马克思恩格斯文集:第2卷[M]. 北京:人民出版社, 2009.

[3] 马克思恩格斯文集:第5卷[M]. 北京:人民出版社, 2009.

[4] 马克思恩格斯文集:第9卷[M]. 北京:人民出版社, 2009.

[5] 马克思恩格斯选集:第1卷[M]. 北京:人民出版社, 1995.

[6] 马克思恩格斯选集:第2卷[M]. 北京:人民出版社, 1995.

[7] 马克思恩格斯选集:第4卷[M]. 北京:人民出版社, 1995.

[8] 毛泽东思想年编:1921-1975[M]. 北京:中央文献出版社, 2011.

[9] 毛泽东文集:第2卷[M]. 北京:人民出版社, 1993.

[10] 毛泽东文集:第6卷[M]. 北京:人民出版社, 1999.

[11] 毛泽东文集:第7卷[M]. 北京:人民出版社, 1999.

[12] 毛泽东文集:第8卷[M]. 北京:人民出版社, 1999.

[13] 毛泽东外交文选[M]. 北京:中央文献出版社、世界知识出版社, 1994.

[14] 邓小平文选：第2卷[M]. 北京：人民出版社，1994. 87.

[15] 邓小平文选：第3卷[M]. 北京：人民出版社，1993. 375.

[16] 邓小平关于建设有中国特色社会主义的论述专题摘编[M]. 北京：中央文献出版社，1992.

[17] 邓小平文集（一九四九～一九七四年）：中卷[M]. 北京：人民出版社，2014.

[18] 江泽民. 全面建设小康社会 开创中国特色社会主义事业新局面[M]. 北京：人民出版社，2002.

[19] 江泽民文选：第1卷[M]. 北京：人民出版社，2006.

[20] 江泽民文选：第2卷[M]. 北京：人民出版社，2006.

[21] 江泽民文选：第3卷[M]. 北京：人民出版社，2006.

[22] 江泽民. 在庆祝中国共产党成立八十周年大会上的讲话[M]. 北京：人民出版社，2001.

[23] 江泽民. 在中国共产主义青年团成立八十周年大会上的讲话，载：毛泽东、邓小平、江泽民论青少年和青少年工作（增订本）[M]. 北京：中国青年出版社、中央文献出版社，2003

[24] 胡锦涛. 在中国科学院第十二次院士大会中国工程院第七次院士大会上的讲话[M]. 北京：人民出版社，2004.

[25] 胡锦涛. 高举中国特色社会主义伟大旗帜 为夺取全面建设小康社会新胜利而奋斗[M]. 北京：人民出版社，2007.

[26] 胡锦涛. 在中国科学院第十五次院士大会中国工程院第十次院士大会上的讲话[M]. 北京：人民出版社，2010.

[27] 习近平谈治国理政：第2卷[M]. 北京：外文出版社，2017.

[28] 习近平关于科技论述摘编[M]. 北京：中央文献出版社，2016.

[29] 习近平. 决胜全面建成小康社会 夺取新时代中国特色社会主义伟大胜利——在中国共产党第十九次全国代表大会上的报告 [M]. 北京：人民出版社，2017.

[30] 习近平. 在庆祝中国共产党成立95周年大会上的讲话 [M]. 北京：人民出版社，2016.

[31] 习近平新时代中国特色社会主义思想三十讲 [M]. 北京：学习出版社，2018.

[32] 习近平在文艺座谈会上的讲话 [M]. 北京：人民出版社，2015.

[33] 聂荣臻军事文选 [M]. 北京：解放军出版社，1992.

[34] 张进辅. 青少年价值观的特点：构想与分析 [M]. 北京：新华出版社，2006.

[35] 郑金香. 青年价值观的发展 [M]. 郑州：黄河水利出版社，2010.

[36] 袁贵仁. 价值观理论与实践：价值观若干问题的思考 [M]. 北京：北京师范大学出版社，2006.

[37] 陈章龙，周莉. 价值观教育 [M]. 南京：南京师范大学出版社，2004.

[38] 李连科. 价值哲学引论 [M]. 北京：商务印书馆，1999.

[39] 罗国杰. 马克思主义价值观研究 [M]. 北京：人民出版社，2013.

[40] [美] 约瑟夫·熊彼特. 经济发展理论 [M]. 何畏，等译. 北京：商务印书馆，1990.

[41] 胡晓风. 创业教育论 [M]. 成都：四川教育出版社，1995.

[42] [美] 杰弗里·蒂蒙斯，[美] 小斯蒂芬·斯皮内利. 创业学

[M]. 6版. 周伟民, 吕长春, 译. 北京: 人民邮电出版社, 2005.

[43] 王占仁. "广谱式"创新创业教育导论[M]. 北京: 人民出版社, 2012.

[44] 王占仁. "广谱式"创新创业教育通论[M]. 北京: 教育科学出版社, 2014.

[45] 王占仁. "广谱式"创新创业教育概论[M]. 北京: 人民出版社, 2016.

[46] 王占仁. 中国创新创业教育史[M]. 北京: 社会科学文献出版社, 2016.

[47] 王锐生. 黎德化: 读懂马克思[M]. 成都: 四川人民出版社, 2001.

[48] (宋)司马光. 资治通鉴·第一册[M]. 北京: 中华书局, 1956.

[49] 石中英, 王卫东. 价值观教育[M]. 北京: 教育科学出版社, 2007.

[50] 吴亚林. 价值与教育[M]. 北京: 北京师范大学出版社, 2009.

[51] [德]雅斯贝尔斯. 什么是教育[M]. 邹进, 译. 上海: 生活·读书·新知三联书店, 1991.

[52] 沈壮海. 思想政治教育的文化视野[M]. 北京: 人民出版社, 2015.

[53] 教育部高等教育司. 创业教育在中国: 试点与实践[M]. 北京: 高等教育出版社, 2006.

[54] [英]怀特海. 教育的目的[M] 庄莲平, 王立中, 译. 上海: 文汇出版社, 2012.

[55] 郭有遹. 创造心理学[M]. 北京: 教育科学出版社, 2002.

[56][美]彼得·德鲁克.创新与企业家精神[M].蔡文燕,译.北京:机械工业出版社,2014.

[57][德]席勒.美育书简[M].徐恒醇,译.北京:中国文联出版公司,1984.

[58]北京中科创大创业教育投资管理有限公司,中科招商投资管理集团股份有限公司,中关村中科创新创业教育基金会.中国高校创新创业教育发展蓝皮书(2017)[M].北京:冶金工业出版社,2017.

[59]王葎.价值观教育的合法性[M].北京:北京师范大学出版社,2009.

[60]王礼湛.思想政治教育学[M].杭州:浙江大学出版社,1999.

[51]丁建志.主体教育[M].北京:中国经济出版社,2005.

[62][美]亨利·埃兹科维茨.麻省理工学院与创业科学的兴起[M].王孙禺等译.北京:清华大学出版社,2007.

[63]刘献君.中共中央国务院关于进一步加强和改进大学生思想政治教育的意见学习辅导读本[C].北京:中国人民大学出版社,2005:62.

[64]彭刚.创业教育学[M].南京:江苏教育出版社,1995.

[65]牛长松.英国高校创业教育研究[M].上海:学林出版社,2009.

[66]刘常勇.创业管理的12堂课[M].北京:中信出版社,2002.

[67]刘红玉,彭福扬.创新理论的拓荒者[M].北京:人民出版社,2013.

[68]孙正聿.人的精神家园[M].南京:江苏人民出版社、江苏凤凰美术出版社,2014.

[69]石海兵.青年价值观教育研究[M].合肥:安徽人民出版

社,2007.

[70] 李丛军. 价值体系的历史选择 [M]. 北京:人民出版社,2004.

[71] 李德顺. 价值论——一种主体性的研究 [M]. 北京:中国人民大学出版社,2013.

[72] 李斌雄. 中国共产党的价值观研究 [M]. 北京:中国社会科学出版社,2003.

[73] 张澍军. 社会思潮冲击与青年学生若干社会价值观念导向 [M]. 长春:东北师范大学出版社,1993.

[74] 宣兆凯. 中国社会价值观现状及演变趋势 [M]. 北京:人民出版社,2011.

[75] 张进辅. 青少年价值观的特点:构想与分析 [M]. 北京:新华出版社,2006.

[76] [美] 帕森斯. 社会行动的结构 [M]. 张明德,等译. 南京:译林出版社,2003.

期刊类:

[1] 李亚员. 创新创业教育:内涵阐释与研究展望 [J]. 创业就业教育,2016 (4).

[2] 宋妍,王占仁. 论当代大学生创新创业价值观的引领 [J]. 国家行政学院学报,2017 (11).

[3] 王占仁. 创新创业教育与思想政治教育的关系论析 [J]. 深圳大学学报(人文社会科学版),2018 (1).

[4] 王勇. 浙江高职学生创业能力开发的对策研究——基于创业价值观的视角 [J]. 滁州职业技术学院学报,2009 (3).

[5] 胡余波. 对大学生创业价值观教育的理性思考 [J]. Kab 创业教育年会暨大学生创业教育论坛, 2009.

[6] 张伟峰. 农业院校大学生创业价值观培育研究 [J]. 高等农业教育. 2014 (1).

[7] 沈文清, 孙海涛. 大学生创业价值观与创业教育 [J]. 高校辅导员, 2014 (2).

[8] 徐静波, 李晓洵. 农业院校大学生创业价值观教育的路径 [J]. 继续教育研究, 2016 (8).

[9] 朱坤, 徐进. 高校大学生创业价值观培养的有效途径研究 [J]. 中国成人教育, 2016 (13).

[10] 孙国胜, 张慧丽. 新形势下大学生创业价值观培育刍议 [J]. 学校党建与思想教育, 2015 (8).

[11] 易庆艳. 盛春辉, 大学生创业价值观的凝练: 基于社会主义核心价值观 [J]. 科教文汇, 2017 (10 下).

[12] 张秀娥, 赵敏慧. 创新与创业理论研究回顾与展望 [J]. 创新与创业管理, 2016 (2).

[13] 胡金焱. 创新创业教育: 理念、制度与平台 [J]. 中国高教研究, 2018 (7).

[14] 雷家骕. 根本在育人、深化在融入、基础在研究 [J]. 中国高等教育, 2015 (17).

[15] 顾明远. 文化传统与高等教育思想观念的转变 [J]. 北京高等教育, 1999 (1-2).

[16] 刘松. 革命文化是文化自信的精神支柱 [J]. 山东社会科学, 2018 (2).

[17] 曹立中, 谢守成. 经济全球化视阈下大学生马克思主义意识

形态教育初探[J].学校党建与思想教育,2011(2).

[18] 董祥宾.当代大学生人生观基本状况调查分析[J].思想理论研究,2018(2).

[19] 冯建军,傅淳华.多元文化时代道德教育的困境与抉择[J].西北师大学报(社会科学版),2008(1).

[20] 张祖华.现代性困境与后现代道德重构[J].中央社会主义学院学报,2012(5).

[21] 王焰新.高校创新创业教育的反思与模式构建[J].中国大学教学.2015(4).

[22] 杨晓慧.创业教育的价值取向、知识结构与实施策略[J].教育研究.2012(9).

[23] 杨晓慧.我国高校创业教育与创新型人才培养研究[J].中国高教研究,2015(1).

[24] 洪大用.打造创新创业教育升级版[J].中国高等教育,2016.

[25] 彭丽萍,赵野田.接受主体因素对价值观教育的影响与启示[J].学校党建与思想教育,2013(2).

[26] 杨晓丹,当代大学生价值观生成的动力机制研究[J].学校党建与思想教育,2017(5).

[27] 李世清,大学生社会主义核心价值观培养的内生动力机制研究[J].党建与思想政治教育,2016(12).

[28] 邓晓影.以"敢为人先"精神开拓高职学生创新意识培养新途径研究[J].兰州石化职业技术学院学报,2016(12).

[29] 陈劲,王皓白.社会创业与社会创业者的概念界定与研究视角探讨[J].外国经济与管理,2007(8).

[30] 蔡敦浩,林韶怡. 创业教育的教学模式：典范差异与现况反思 [J]. 创业管理研究, 2013 (2).

[31] 杜卫. 美育三义 [J]. 文艺研究, 2016 (11).

[32] 张婷. 蒂蒙斯创业教育思想初探 [J]. 当代教育论坛, 2007 (6).

[33] 林嵩. 创业生态系统：概念发展与运行机制 [J]. 中央财经大学学报, 2011 (4).

[34] 朱晓芸,梅伟惠,杨潮. 高校创业教育师资队伍建设的困境与策略 [J]. 中国高教研究, 2012 (9)

[35] 王玉樑. 实践性、客观性、主观性与主体性 [J]. 人文杂志, 1993 (1).

[36] 郭凤志. 价值观教育应把握好的三个问题 [J]. 思想理论教育导刊, 2014 (2).

[37] 艾军等. 论高校思想政治教育与大学生创新创业教育的有机融合 [J]. 思想理论教育导刊, 2014 (12).

[38] 邓建生. 创业文化与中国大学的使命 [J]. 高等教育研究, 2000 (6).

[39] 张效东. 大学创业文化的结构、内涵及其建构 [J]. 安顺学院学报, 2009 (6).

[40] 杨涛. 发展性评价：学生评价的理性选择 [J]. 南阳师范学院学报, 2009 (8).

[41] 韩雅丽. 本质主义与建构主义：大学生创业问题研究范式比较 [J]. 中国青年研究, 2014 (12).

[42] 施晨辉,倪好. 大学生创业竞赛：角色、困境与策略 [J]. 重庆高教研究, 2017 (5).

[43] 胡金焱. 创新创业教育：理念、制度与平台 [J]. 中国高教研究, 2018 (7).

[44] 董卓宁, 孟宪博. 新时代高校创新创业教育范式探析 [J]. 自然辩证法研究, 2018 (3).

[45] 黄兆信. 推动我国高校创新创业教育转型发展 [J]. 中国高等教育, 2017 (7).

[46] 徐小洲, 刘敏, 江增煜, 黄露露. 两岸三地高校创业教育比较研究 [J]. 自然辩证法研究, 2018 (3).

[47] 林崇德, 罗良. 建设创新型国家与创新人才的培养 [J]. 北京师范大学学报（社会科学版）, 2007 (1).

[48] 林崇德, 胡卫平. 创造性人才的成长规律和培养模式 [J]. 北京师范大学学报（社会科学版）, 2012 (1).

[49] 林崇德. 创造性人才 创造性教育 创造性学习 [J]. 中国教育学刊, 2000 (2).

[50] 林崇德. 创造性人才特征与教育模式再构 [J]. 中国教育学刊, 2010 (6).

[51] 吴爱华, 郝杰, 汪凯. 办好"互联网+"双创大赛 壮大创新创业生力军 [J]. 中国大学教学, 2017 (9).

[52] 吴爱华, 侯永峰, 郝杰, 等. 以"互联网+"双创大赛为载体 深化高校创新创业教育改革 [J]. 中国大学教学, 2017 (1).

[53] 石中英. 努力培养德智体美劳全面发展的社会主义建设者和接班人 [J]. 中国高校社会科学, 2018 (6).

[54] 骆郁廷, 项敬尧. 论新时代思想政治教育创新发展的基本遵循 [J]. 思想理论教育, 2018 (1).

[55] 刘宏达. 新时代思想政治教育的历史使命、理论基础与实践

要求[J]. 学校党建与思想教育, 2017 (12).

[56] 刘建军. 论思想政治教育的个人价值[J]. 教学与研究, 2001 (8).

[57] 刘建军. 习近平对高校思想政治工作解惑功能的全面阐述[J]. 思想理论教育导刊, 2017 (10).

[58] 韩庆祥, 黄相怀. 中国特色社会主义新时代的哲学理解[J]. 哲学研究, 2011 (12).

[59] 岳晓东. 大学生创新能力培养之我见[J]. 高等教育研究, 2004 (1).

[60] 王书斌. 创业者教育背景与天使融资——来自创业真人秀节目的经验证据[J]. 研究与发展管理, 2019 (10).

[61] 王逢博, 丁三青. 文化认同与价值取向：新时代大学生创新创业观确立的逻辑前提[J]. 中国矿业大学学报（社会科学版）, 2020 (5).

论文类：

[1] 孔洁珺. 大学生创业价值观教育研究[D]. 长春：东北师范大学, 2017.

[2] 李涛. 新时代大学生创业价值观冲突研究[D]. 芜湖：安徽师范大学, 2017.

[3] 朱春楠. 大学生创业价值观研究[D]. 长春：东北师范大学, 2017.

报纸类：

[1] 习近平. 致2013年全球创业周中国站活动组委会的贺信[N]. 人民日报, 2013-11-9.

[2] 习近平在北京大学师生座谈会上的讲话[N]. 人民日报, 2018-5-2

[3] 习近平. 在欧美同学会成立一百周年庆祝大会上的讲话[N]. 人民日报, 2013-10-2.

[4] 习近平. 在全国教育大会上的讲话[N]. 人民日报, 2018-9-11.

[5] 习近平祝贺2013年全球创业周中国站开幕[N]. 人民日报, 2013-11-9.

[6] 习近平. 在纪念孔子诞辰2565周年国际学术研讨会暨国际儒学联合会第五届委员大会开幕会上的讲话[N]. 人民日报, 2014-9-25 (2).

[7] 习近平. 弘扬红船精神 走在时代前列[N]. 人民日报, 2017-12-7 (2).

[8] 习近平. 在北京大学生师生座谈会上的讲话[N]. 人民日报, 2018-5-3 (2).

[9] 习近平在中国共产党第十九次全国代表大会上的报告[N]. 人民日报, 2017-10-28.

[10] 习近平. 致2013年全球创业周中国站活动组委会的贺信[N]. 人民日报, 2013-11-9.

[11] 习近平. 给第三届中国"互联网+"大学生创新创业大赛"青年红色筑梦之旅"的大学生的回信[N]. 人民日报, 2017-8-16.

[12] 胡锦涛. 坚定不移沿着中国特色社会主义道路前进 为全面建成小康社会而奋斗[N]. 人民日报, 2012-11-18.

[13] 刘延东. 在深入推进高校创新创业教育改革座谈会上的讲话[N]. 中国教育报, 2015-10-26.

[14] 邱玲. 切实提升创新创业的质量和水平 [N]. 经济日报, 2018-6-14.

[15] 汪瑞林. 创业者应具备的四维知识结构——访中国科学院大学管理学院院长成思危 [N]. 中国教育报, 2013-11-7

[16] 沈壮海. 把知识教育与思想政治教育结合起来 [N]. 中国教育报, 2014-10-19.

[17] 王占仁. 确立追求实效的创新创业观 [N]. 光明日报, 2012-07-08.

[18] 孙伟. 让井冈山精神绽放时代光芒 [N]. 人民日报, 2018-8-17 (5).

[19] 李德顺. 价值选择：要坚持"主体性"，不要左顾右盼 [N]. 北京日报, 2007-10-15 (17).

[20] 杨德广. 构建德智体美劳教育体系 [N]. 中国教育报, 2018-10-11 (6).

外文类

[1] OSMAN C A, RAHIM H L, YUSOF M M, NOOR M Z H, LAJIN N F M, JALALUDDIN J. (2016) Empowering Disabled Youth with Entrepreneurial Values. In: Mohd Sidek N., Ali S., Ismail M. (eds) Proceedings of the ASEAN Entrepreneurship Conference 2014.

[2] LINDSAY N J, KROPP F. Values and Entrepreneurial Orientation of Early Stage Entrepreneurs. In: Campbell C. (eds) Marketing in Transition: Scarcity, Globalism, & Sustainability. Developments in Marketing Science: Proceedings of the Academy of Marketing Science, 2015.

[3] Linkages, Northampton, MA: Edvard Elgar, 2006, P. 7.

［4］David Rae, Opportunity cengtred learning: an innovation in enterprise education? Education & Training, Vol. 45, No. 8, 2003, p. 542.

［5］SHANE S A. Economic Development through Entrepreneurship: Government, University and Business.

［6］STEVENSON A. Perspective on Entrepreneurship ［M］. Harvard Business School Working Paper, 1983.

［7］EUROPEAN COMMISSION. Entrepreneurship Education 2020 Action Plan. 2013.

［8］SHANE S A. Economic Development through Entepreneurship Govemment ［M］. Unversity and Business Linkages, Northampton. MA: Edvard Elgar, 2006.

［9］MORRIS M H. Models of entrepreneurship Centers: Emerging Issues and Approach ［M］. Pap Presented at the 2004 National Consortium of entrepreneurship Centers Conference.

［10］LOW M B. The Adolescence of Entrepreneurship Research ［M］. Specification of Purpose Entrepreneurship Theory and Practice, 2001, 25 (4).

［11］JEROME A. Katz, The Chronology and Intellectual Trajectory of American Entrepreneurship Education (M). Joumal of Business Venturing, 2003, 18 (2).

［12］JEROME A. Katz, Fully Mature but Not Fully Legitimate ［M］. A Different Perspective on the State of Entrepreneurship Education Journal of Small Business Management, 46 (4), 2008, pp. 550-566.

［13］European Commission, Entrepreneurship Education 2020 Action Plan, 2013.

电子类：

[1] CCG《2017中国高校学生创新创业调查报告》[EB/OL]．搜狐网，2017-9-26．

[2] 柳传志：创业不仅要有意志力 还要有学习能力[EB/OL]．新浪财经网，2012-11-9．

[3] 习近平：在全国政协新年茶话会上的讲话[EB/OL]．中国政府，2013-12-31．

[4] 胡锦涛同志2002年12月6日在西柏坡学习考察时的讲话[EB/OL]．北方网，2003-1-3．

[5] 习近平回信勉励第三届中国"互联网+"大学生创新创业大赛"青年红色筑梦之旅"的大学生[EB/OL]．新华网，2017-8-15．

[6] 国务院办公厅关于全面加强和改进学校美育工作的意见（国办发〔2015〕71号）[EB/OL]．中国政府网，2015-9-28．

[7] 习近平在庆祝"五一"国际劳动节暨表彰全国劳动模范和先进工作者大会上的讲话[EB/OL]．新华网，2015-4-29．

[8] 习近平在乌鲁木齐接见劳动模范和先进工作者、先进人物代表 向全国广大劳动者致以"五一"节问候[EB/OL]．人民网，2014-5-1．

[9] 习近平同全国劳动模范代表座谈并发表重要讲话[EB/OL]．人民网，2013-4-28．

[10] 教育部召开2016年全国创新创业典型经验高校座谈会[EB/OL]．中华人民共和国教育部，2016-9-9．

[11] 近平回信勉励第三届中国"互联网+"大学生创新创业大赛"青年红色筑梦之旅"的大学生[EB/OL]．人民网，2017-8-15．

[12] 国务院办公厅关于深化高等学校创新创业教育改革的实施意见 [EB/OL]. 中国政府网, 2015-5-13.

[13] 敢闯会创 书写人生华章 第四届中国"互联网+"大学生创新创业大赛总决赛综述 [EB/OL]. 搜狐网, 2018-10-17.

[14] 吴岩. 全面把握形势 全面振兴本科教育 全面发挥教指委作用 [EB/OL]. 中国网, 2018-11-1.

[15] 高教司司长吴岩: 2019 年, 打好全面振兴本科教育攻坚战 [EB/OL]. 中华人民共和国教育部, 2019-1-28.

[16] 国务院关于印发统筹推进世界一流大学和一流学科建设总体方案的通知 [EB/OL]. 中国政府网, 2015-11-5.

[17] 习近平在纪念中央革命根据地创建 80 周年座谈会上的讲话 [EB/OL]. 中国共产党新闻网, 2011-11-5.

[18] 习近平: 让大家心无旁骛投入创新事业中 [EB/OL]. 新华网, 2019-1-18

[19] 习近平. 在中国科学院第十九次院士大会、中国工程院第十四次院士大会上的讲话 [EB/OL]. 中国社会科学杂志社, 2018-5-29.

[20] 胡锦涛在博鳌亚洲论坛 2004 年年会开幕式上的演讲 [EB/OL]. 中国政府网, 2004-4-25.

[21] 中国大学生自主创业工作经验交流会暨全球创业周峰会在沪开幕 刘延东出席并讲话 [EB/OL]. 中国政府网, 2011-3-29.

[22] 2015 年政府工作报告 [EB/OL]. 人民网, 2015-3-5

[23] 关于大力推进高等学校创新创业教育和大学生自主创业工作的意见(教办〔2010〕3 号)[EB/OL]. 中华人民共和国教育部, 2010-5-13

[24] 奋力跑出双创教育的"中国加速度"——专访教育部高教司司长吴岩 [EB/OL]. 西南石油大学, 2018-12-12.

[25] 教育部办公厅关于印发《普通本科学校创业教育教学基本要求（试行）》的通知 [EB/OL]. 中华人民共和国教育部，2012-8-1.

[26] 2018-2022年教育部创新创业教指委第一次全体委员会议召开 [EB/OL]. 光明教育，2018-12-6.

[27] 教育部召开新闻发布会介绍第六届中国国际"互联网+"大学生创新创业大赛及深化创新创业教育改革情况 [EB/OL]. 中华人民共和国教育部，2020-11-11.